Ronnefeldt's
Black Tea Diary

로네펠트's
홍차다이어리

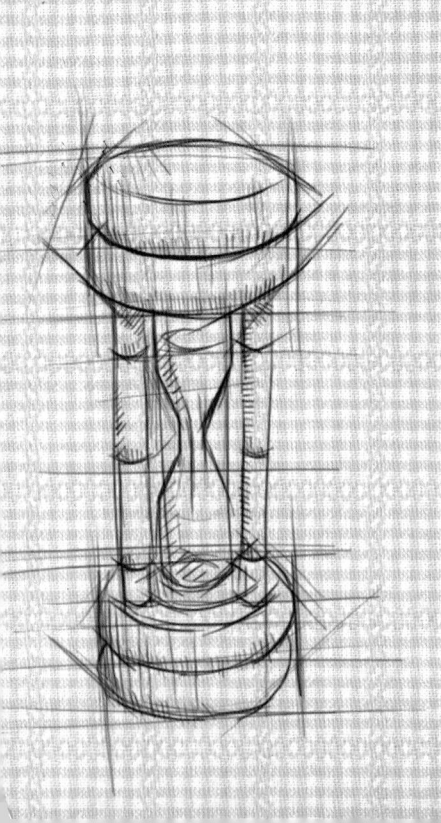

로네펠트's

# 홍차 다이어리

Black Tea Diary

로네펠트's
홍차
다이어리
Black Tea Diary

**초판 인쇄일** _ 2010년 1월 15일
**초판 발행일** _ 2010년 1월 22일
**초판 3쇄 발행일** _ 2012년 2월 13일

**글쓴이** _ 박정아
**발행인** _ 박정모
**발행처** _ 도서출판 **혜지원**
**주소** _ (130-844) 서울시 동대문구 장안 1동 420-3호
**전화** _ 02)2212-1227, 2213-1227
**팩스** _ 02)2247-1227
**홈페이지** _ www.hyejiwon.co.kr
**기획 진행** _ 이영희
**일러스트** _ 박선경
**본문, 표지디자인** _ 안홍준
**영업마케팅** _ 김남권, 황대일, 서지영
**ISBN** _ 978-89-8379-606-6 | **정가** _ 12,000원

로네펠트's

# 홍차
# 다이어리

Black Tea Diary

혜지원

하나의 기호음료라 생각하지 않고 홍차를 마시는 친구들을 보며 된장녀라 치부했던 저를 이렇게 홍차의 세계로 이끈 친구가 바로 위 그림에서 얼 그레이를 주문한 친구랍니다.

몇 년 전 저의 생일, 그 친구가 자랑스럽게 저에게 선물로 내민 것은 바로 잎차 얼 그레이 한통. 순간 포커페이스가 된 저는 집에 와서 잎차 얼 그레이를 보면서 한동안 망연자실, 황당무계라는 어구가 머릿속을 맴돌면서 정신이 혼미해지기까지 했습니다.

우선 물을 끓이자. (물은 무조건 팔팔 끓여야 해.)

찻잔에 잎을 넣어보자. (잎은 무조건 많이 넣자고.)

우리고 난 뒤에 잎은? (숟가락으로 건져내는 거겠지.)

참으로 난감했던 홍차와 첫 만남. 물에 잎을 우리면 몇 배는 불어난다는 것도 망각한 채 무조건 찻잎을 들이부었던 일. 무조건 오래 우리는 것이 맛이 좋을 것이라 생각해서 1시간 이상 우렸던 일. 잎을 계량하는 도구가 있다는 것도 모르고 숟가락으로 잎을 건져냈던 일 등 웃지 못 할 시행착오를 겪으면서 홍차의 매력에 빠져 홍차에 관련된 모든 것을 수집하는 홍차 홀릭인 지금의 제가 되었답니다.

새로운 맛, 맛있는 홍차를 발견할 때는 마치 입에 착 달라붙는 맛있는 스콘에 클로티드 크림을 발라 먹을 때 느끼는 묘한 희열마저 느끼게 되었지요.

홍차를 좋아한다고 해서 설마 영국의 콧대 높은 귀족 마나님들만을 떠올리시는 것은 아닌가요? 홍차를 좋아하면 제가 이전에 그랬듯 공주병이고 된장녀라 치부하지는 않는지요. 차를 우리는 과정이 복잡해서 다가가기에는 너무나 먼 당신이라고 생각하지는 않는지요.

이 책을 읽으시는 모든 분들이 홍차의 깊은 맛에 퐁당 빠져 '가까이 하기에 너무나 먼 홍차'가 아닌 '가까이 하기에 너무나 맛있는 홍차'가 되어 맛있게 우러난 홍차 한잔에 행복을 느끼시는 일이 많아지기를 소망합니다.

..지금도 어디선가 찻물을 끓이고 있을
박정아 / 로네펠트

# contents

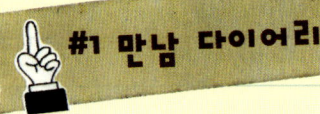

# ✌️ #3 정보 다이어리

# contents

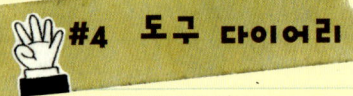

**#4 도구 다이어리**

# #5 종류 다이어리

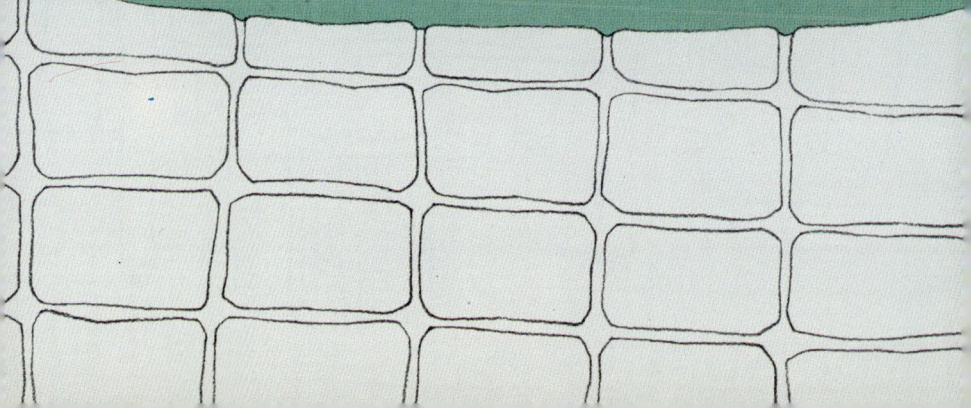

# Part I

# 만남 다이어리
### Black Tea Diary

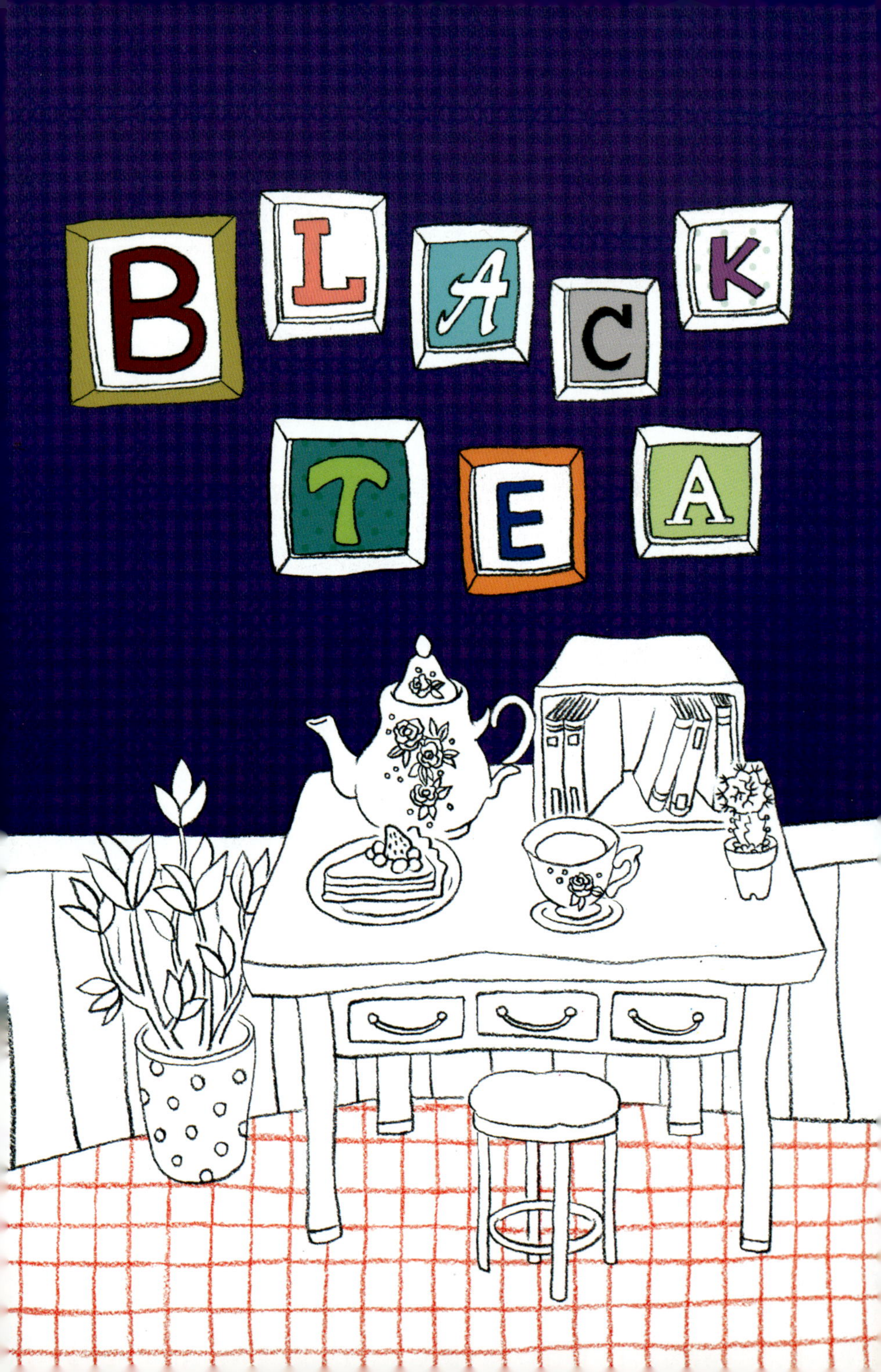
BLACK
TEA

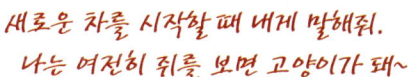

새로운 차를 시작할 때 내게 말해줘.
나는 여전히 쥐를 보면 고양이가 돼~

　작가답게 자신과 홍차의 관계를 고양이와 쥐로 표현했던 그녀. 수많은 로맨스 소설의 작가, 제인 오스틴도 홍차에 깊이 매료되었다는 사실. 알고 계셨나요?

　영국에서 자란 그녀가 어릴 적부터 자연스럽게 홍차를 접하게 된 것은 어찌보면 당연한 일이겠죠. 그러나 홍차보다는 녹차가, 녹차보다는 커피가 보편화 된 한국에서 여러분과 홍차와의 만남은 어떻게 이루어지셨나요?

　이 장에서는 네이버 홍차 관련 최대 카페인 [오렌지 페코]의 몇몇 회원 분들의 홍차와의 첫 만남 이야기들을 모아봤습니다.

### Diary 1
### 홍차 카페와의
## 첫 만남

🔴 손성애/향기국화님, 직장인


홍차 브랜드인 NINA's Paris의 예쁜 빨간색 홍차 통을 인터넷에서 보자마자 한 눈에 반해버린 나. 통, 이름, 맛도 향도 예쁘다고 하네요. 그 유명하다는 유럽의 티 엑스포에서 상도 탔다는 '향 전문 장인의 손길'이 닿은 '파리지엥의 낭만'이 가득한 홍차. 제 마음은 어느덧 저 멀리 파리의 한 노천카페에 앉아 있었답니다.

아는 동생과 NINA's Paris 카페를 찾아가서 차를 주문하자 티코지에 덮인 티포트를 비롯해 이런저런 홍차 도구들이 테이블 위에 놓이네요. 그중 제 눈을 사로잡은 것은 은빛 모래시계.

### "Time is diamond."

참을성이 없어 아직 떨어질 모래가 한참 남았는데 호기심을 못 이겨 티코지를 벗겨냈습니다.

"정말 티포트가 있네?"

당연한 사실에 놀라워하는데 홍차 향이 나기 시작하더군요. 티코지 속에 갇혀있던 홍차 향. 티코지 속에 코를 묻으니 홍차를 가슴 속에 품고 있던 티코지는 향긋하고 따끈따끈하고 촉촉했답니다. 어린 시절, 겨울의 추운 날 마구 뛰놀다 오들오들 떨며 뛰어 들어간 엄마 품속처럼.

타지에서
# 안식처 였던
## 홍차 한잔

🔴 안미숙/먼지님, 직장인

1997년 8월 저는 홍콩행 비행기에 올라 있었죠. 같이 가려던 친구들이 하나, 둘 빠지고 결국 혼자만 덩그러니 남게 되었답니다. 무작정 혼자서 오른 저의 첫 해외여행. 도착해서 겨우겨우 찾아간 숙소. 다음날 시작된 뚜벅이 여행. 무슨 용기가 생겼는지 말레이시아까지 가게 되었답니다.

그런데 머물던 민박집에서 긴장이 풀린 탓인지 몸살이 났답니다. 주인집 아주머니가 올라오시더니 걱정하시며 밀크티 한잔을 주셨어요. 이것이 저와 홍차와의 첫 만남이랍니다. 그런데 알레르기 때문에 우유를 마시지 못하거든요. 한 모금 마신 후 아주머니께 우유를 마시지 못한다고 말씀드리니 따뜻한 차 한 잔을 아래층에 준비해 놓을 테니 내려오라고 하시더군요. 잔잔한 클래식이 흐르는 깔끔한 주방, 갓 구운 토스트와 버터, 그리고 마음을 설레게 하는 붉은 빛의 홍차가 담겨있는 찻잔까지. 심신이 약해져 있어서인지 그 순간 얼마나 아늑하고 기분이 좋던지요.

제가 홍차를 마시는 이유는 당시의 그 기분을 잊어버리고 싶지 않아서인지도 모릅니다. 그 아늑하고 포근한 기분을 느끼게 해주던 그때, 그 맛을 말이죠. 지금은 아지랑이 같이 아련한 추억이 되었지만 가끔 그 맛이 혀에서 느껴지는 것을 보면 정말 그 순간이 너무나 강렬했나 봅니다.

그 뒤 찻집을 가면 저는 음식보다 홍차를 먼저 주문합니다. 노란 티백

꽁다리의 홍차가 나오지요. 신경을 써주는 집이면 레몬 한 조각을 얹어 주기도 하구요. 그럴 때면 그 레몬조각을 티스푼으로 꾹꾹 눌러 즙을 짜서 우려 주었고, 그것도 모자라서 손으로 꾹꾹 누르기도 한답니다.

사실 맛있는 홍차를 만드는 것은 333기법이라고 어디서 본 것 같은데 굳이 3g의 홍차에 300ml의 물에 3분을 우리지 않더라도 적어도 3분 정도의 우리는 시간만 지켜 주면 시중에 판매되는 홍차는 맛있다고 할 정도의 충분한 맛이 나오거든요.

그런데 얼마 전 친구들과 함께 간 찻집에서 참 많이 아쉬웠답니다. 타이머나 모래시계는 없을지언정 '3분 후에 드시면 좋은 맛이 납니다.' 라는 한마디라도 해주시면 얼마나 좋았을까요. 홍차를 잘 모르시는 분들이 10분~20분 동안 차를 우려서 드시고는 그 떫은 맛에 홍차를 거부할지도 모른다고 생각했어요.

맛있는 차와 차 마시는 순간의 여유로움을 함께 공유하고 픈데 말이죠. 저와 홍차의 첫 만남처럼요.

# 수세미 왕자와의 극적인 만남

🍵 박지현/이지안, 직장인

아삼, 얼 그레이, 오렌지 페코, 실론, 다즐링의 공통점은 만화 속에 등장하는 인물들이라고 말하고 싶습니다. 뜬금없이 만화 이야기를 꺼낸 이유는 제가 처음으로 홍차를 접하게 된 계기가 바로 이 만화이기 때문입니다.

처음 이 만화를 보게 된 것은 고등학교 2학년. 그 전까지만 해도 홍차면 실론티 캔 음료와 립톤 아이스티 밖에 몰랐던 저는 아삼, 얼 그레이, 다즐링 등 여러 홍차 이름들을 접하며 신기하기도 했고 한 번 마셔보고 싶다는 생각도 들었습니다. 그래서 수능이 끝난 다음 가장 먼저 했던 일 중 하나가 바로 홍차에 대해서 아는 것도 없이 친구들과 이곳저곳을 돌아다니면서 그 만화에 나왔던 홍차들을 전부 마셔보는 것이었습니다.

처음으로 마셨던 홍차는 얼 그레이. 그 상큼하고 단정한 맛에 반해 지금까지도 좋아하는 홍차입니다. 얼 그레이를 시작으로 아삼, 실론, 다즐링, 오렌지 페코 등을 모두 섭렵했고, 마시면 마실수록 그 다양한 향과 맛에 빠져들었습니다. 그때부터는 단순히 찻집에서 마시는 것을 떠나 홍차 잎을 사서 직접 끓여 마시기 시작했는데 처음에는 시간을 제대로 맞추지 못해 어찌나 떫고 씁쓰름한 맛이 나던지 많은 시행착오를 겪었답니다.

그 다음으로 도전했던 것은 그 만화 속에서도 귀한 차라고 명시되어 있던 홍목단이었습니다.

귀한 차라 그런지 홍목단을 취급하고 있는 찻집을 찾을 수가 없었죠. 심지어는 그런 홍차도 있냐는 말까지 하는 이들도 있어서 참으로 난감했습니다. 작가의 상상이 만들어 낸 가상의 홍차인가 하는 생각도 들었지만 그냥 포기하기에는 홍목단을 한 번 마셔보겠다고 들인 시간과 공이 너무나도 아까웠고, 기필코 마셔봐야겠다는 묘한 오기가 생겼습니다. 그때부터 집념과 오기를 가지고 수소문 끝에 결국 소량이지만 홍목단을 구할 수 있었습니다. 두근거리는 마음으로 홍목단이 도착하기를 기다리고, 드디어 포장을 푼 순간. 눈을 의심하고 말았답니다.

이게 과연 홍차? 만화에서 수세미같이 생겼다고 하더니 과장이 아니고 진짜 이건 수세미 모양 그 자체였답니다. 홍목단은 수세미 왕자? 생긴 것으로 홍차를 차별하면 안 되지만 기대가 컸기 때문인지 적나라한 수세미 모양에 실망하고 말았습니다. 나중에 알게 된 것이지만 홍목단은 공예화차의 하나로, 그러한 수세미 모양으로 세공된 것은 공예화차의 특징 중 하나라고 하네요.

힘들게 구한 것이니 맛이라도 봐야지 하는 마음으로 홍차를 끓일 준비를 했습니다. 투명한 유리포트를 꺼내 뜨거운 물을 준비하고 수세미 하나를 넣으니 서서히 홍목단이 수세미에서 꽃으로 변화하지 않겠어요. 수세미 모양을 보고 실망했던 마음은 싹 가시고 뜨거운 물속에서 꽃을 피우는 그 모습에 넋을 놓고 감상하고 있는 저를 발견했답니다. 부드럽고 우아한 그 맛이라니.

맛과 향뿐만 아니라 눈으로도 즐길 수 있는 홍차까지, 홍차의 세계는 알면 알수록 신기하고 매력적이라는 것을 다시금 실감할 수 있는 순간이었답니다.

Part II

# 티 카페 다이어리

Black Tea Diary

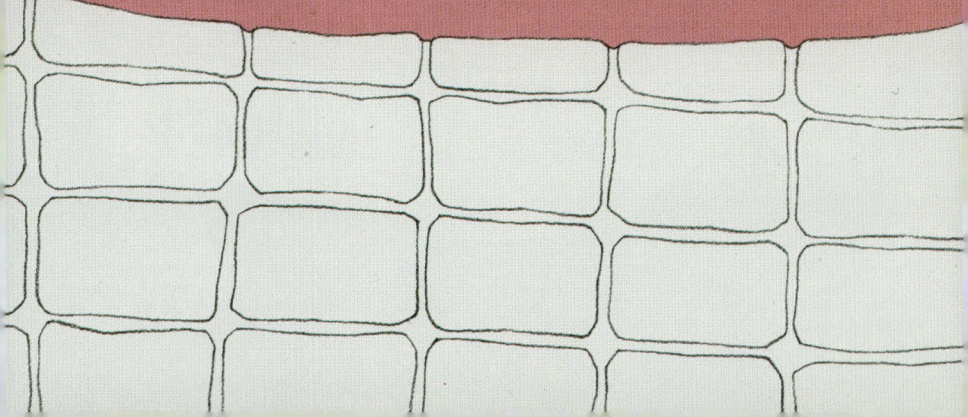

　[이상한 나라의 앨리스]에 등장하는 기상천외한 사건들은 혹시 한낮의 맛있는 홍차 한잔과 케이크와 함께했던 행복한 티타임 후에 꾸었던 꿈이 아니었을까요. 전쟁 중에도 차를 마시기 위해 티타임이면 어김없이 물 끓이는 소리가 들렸다는 영국. 그래서인지 영국 작가들의 작품에는 티타임이 빈번한 소재로 등장합니다.

　종류도 모르고 차를 우리는 방법도 생소해 홍차에 쉽게 다가갈 수 없다고 생각하시는 분들을 위해 홍차와 친해질 수 있는 장을 마련해 보았습니다. 바로 다양하고 맛있는 홍차를 마실 수 있는 곳들을 소개해 드리는 것!

　따뜻한 홍차 한잔이 그리울 때, 분위기 좋고, 맛있는 홍차가 기다리고 있는 곳에서 마음 맞는 지인들과의 행복한 티타임. 왠지 그곳에서 [이상한 나라의 앨리스]에 등장했던 조끼 입은 토끼를, 얼굴은 사라지고 웃음소리만 남은 체셔 고양이를 만날 수 있을 것 같은 상상에 벌써 행복해지지 않으시나요.

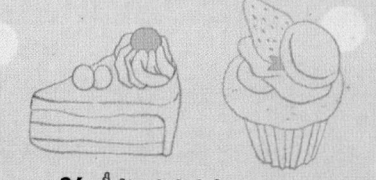
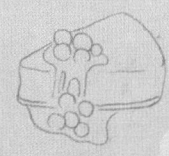

Diary 4
# 오리 페코

# 🍵 오리 페코

영글지 않은 까슬까슬한 바람이 매섭게 불던 어느 날. 귀여운 오리 소품들이 반겨주는 내추럴 홈 스타일의 오리 페코를 찾았습니다.

시각디자인을 전공하신 미모의 사장님께서 페인트 칠도 직접 하시고 일본 여행 중 틈틈이 수집하신 소품들로 꾸미신 실내에 들어서면 어디선 가 어린왕자가 길들여진 여우와 함께 차를 마시고 있을 것 같은 착각을 불러 일으킵니다.

홍차와 정열적인 사랑에 빠지신 사장님의 별명인 오리와 홍차의 등급 인 오렌지 페코를 조합하여 만든 오리 페코에서는 딜마, 베노아, 루피시 아, 포숑 등의 다양한 차를 맛 볼 수 있답니다.

딜마에서 교육을 받으신 사장님께서 정성스럽게 우려내신 차 한 잔 을 티푸드와 함께 맛 보기 위해 애프터눈 티 세트를 주문합니다. 다양한 차 중에 어떤 차를 마실지 고민하다 반가운 마리아쥬 프레르의 초코 민트 Choco Menthe 를 주문합니다.

전날 예약을 했던 지라 잠시 후, 3단 트레이와 마주할 수 있었답니다. (참고로 애프터눈 세트는 하루 전에 예약하셔야 합니다.)

마카롱을 제외하고 모두 직접 구우신다며 수줍게 웃으시는 사장님의

손맛이 궁금하여 얼른 그릴 샌드위 치 하나를 집어 듭니다. 너무 뜨거 워 혀를 약간 데이긴 했지만 모짜 렐라 치즈의 쫀득함과 할라피뇨의 톡 쏘는 맛에 이내 감탄을 했죠.

# ORIPEKOE

초코의 달콤쌉싸름한 맛이 목 넘김 후에는 적당한 청량감으로 다가오는 초코민트와 스콘의 조합으로 입안이 즐거워집니다. 달콤한 슈가볼과 초코볼을 차례로 집어 드니 환하게 옆에서 웃고 있는 진저맨 쿠키가 눈에 들어오네요.

진하지도 연하지도 않은 중립의 선을 잘 지키고 있는 치즈 케이크까지 다 먹고 나니 어느새 초코 민트가 담겨 있던 노리다케 찻잔도 비어있습니다.

이곳에서는 딜마의 캐러멜, 피치, 애플, 레몬 등 다양한 티백들도 구입할 수 있답니다. 다양한 차를 맛보고 싶으실 때는 한 상자씩 구입하시기 보다는 이렇게 낱개로 티백을 판매하는 카페에서 한두 개씩 구입하시는 것도 좋은 방법이랍니다.

로즈힙 시럽이 일품인 홍대의 작은 보석 오리 페코. 귀여운 오리들이
반겨주는 이곳에서 홍차 한잔 어떠신가요? 티푸드로 퐁당 쇼콜라 강추!

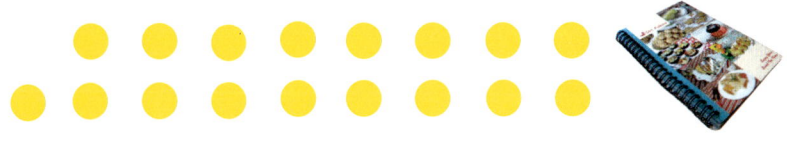

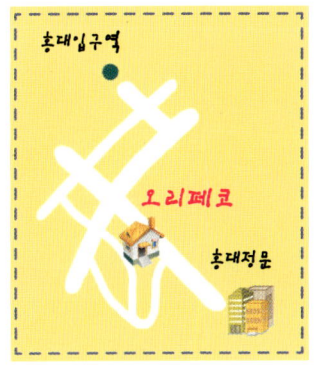

## 🍵 오리 페코

지하철 2호선 홍대입구역 5번 출구

→ 5번출구로 나와 앞으로 걷다 첫 번째
   찻길에서 건너 홍대 쪽으로 걸어요.
→ 켈빈 클라인 옆 골목으로 올라갑니다.
→ 오리 페코

☎ 02) 324-0908

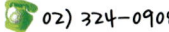

Diary 5
# 티 테라스

# 🍵 티 테라스

홍대를 방황하다 티 테라스라는 이름의 예쁜 카페를 발견했지요. 영국의 가정집을 그대로 옮겨 놓은 듯 원목의 편안한 인테리어와 폭신한 의자 그리고 곳곳에 귀여운 곰돌이 인형까지 김소영 사장님의 세심한 배려가 느껴지는 곳이 바로 티테라스라는 예쁜 카페입니다.

영국 어학연수 당시 김소영 사장님께서는 테라스 티룸이라는 카페를 즐겨 찾으셨다고 해요. 그래서 한국 귀국 후, 가족적인 편안한 분위기의 티 테라스를 개업하셨다고 합니다.

영국에도 값비싼 홍차들이 많지만 정작 영국 국민들은 저렴한 홍차들을 즐겨 마시는 것을 보시고, 한국에도 홍차가 어렵지 않게 편안한 문화로 자리매김 했으면 좋겠다고 하시네요. 20-30대 여성들이 주 고객층이고 간혹 여자 친구들의 꼬임에 빠져 같이 오는 남성분들도 계시다고 해요.

트와이닝의 레이디 그레이를 비롯 루피시아의 오아시스, 쿠키, 캐러멜, 마리아쥬 프레르의 웨딩 임페리얼 등 다양한 홍차를 구비하고 있는 곳. 가끔 홍차 종류는 바뀐다고 하네요.

　　드디어 구워진 아몬드 향이 풍기는 루피시아의 쿠키와 대면했어요. 한국도자기의 티포트와 노리다케의 큐티로즈 찻잔은 고소한 아몬드 향과 달콤한 헤이즐넛 향의 풍미를 더해주는 것만 같았답니다.

　　스콘은 주문하면 금방 구워 준다고 하니 홍차와 고소한 스콘을 한번 드셔보세요.

화이트 크리스마스에는
사랑하는 이와 티 테라스에서
로얄 밀크티 한잔 어떠세요?

## 🍵 티 테라스

지하철 2호선 홍대입구역 4번 출구

홍대입구역

티테라스

홍대정문

→ 세븐 스프링스 옆 골목으로 직진합니다.
→ Family Mart가 보이면 왼쪽으로 걸어요.
→ 우측에 청운 부동산과 홍익갈비 사이
  골목으로 5분정도 더 가면 오른쪽에 보여요.
→ 티 테라스

 02) 323-0036

Diary 6 아뜨레

# 아뜨레

이제 불을 휘젓고 눈꺼풀을 빨리 닫는다.
커튼을 내리고 소파를 돌린다.
보글보글 큰 소리를 내며 끓는 주전자가 하얀 김을 내보내는 동안
즐거워하나 흥청거리지 않고 기다리고 있는 찻잔들은
우리로 하여금 평화로운 저녁을 맞게 한다.
– 윌리엄 쿠퍼

영국의 시인인 윌리엄 쿠퍼의 겨울저녁이라는 시가 생각나는 홍차 카페 아뜨레. 고풍스러운 느낌의 가구들로 가득 찬 실내는 눈 오는 겨울날 벽난로에 불을 지피고 차를 마시는 중세 시대 단란한 가족의 모습을 생각나게 합니다.

일주일이라는 목걸이에 꿰인 일곱 개의 구슬에서 여섯 번째 토요일이란 구슬을 빼어 아뜨레로 가져옵니다. 주말 오전이라 한산한 카페 안을 이리저리 살피다 메뉴판을 탐구하기 시작합니다. '오전이잖아. 그리고 오늘은 주말이고.'라는 단순 연산 작용의 종착역은 웨지우드의 위켄드 모닝 Weekend Morning 이었죠. 홍콩의 빼곡하게 솟은 마천루만큼 목을 빼고 기다리다 한 모금 마시니 일주일의 피로가 사라지는 듯 합니다.

　모닝티는 주로 카페인을 많이 함유하고 있는데, 그중에서 웨지우드의 위켄드 모닝은 연하고 부드러운 맛이라 부담없이 즐길 수 있답니다. 밀크 티로도 손색없어 갑자기 우유를 들이 붓고 싶은 충동에 사로잡힙니다.

　트와이닝의 레이디 그레이를 좋아하시는 인상 좋은 사장님께서 2005년 9월 개업한 아뜨레. 포근한 날씨에는 예쁜 테라스에서 차를 즐길 수도 있답니다. 어떤 차를 주문해야 할지 곤란할 때는 사장님께서 친절하게 손님의 입맛에 따른 차를 골라 주시기도 합니다. 스콘, 베이글, 와플, 샌드위치 그리고 각종 케이크들도 차만 마시기 심심한 분들을 위해 준비되어 있죠. 다양한 홍차를 구입할 수도 있는데, 임프라 티백들을 낱개로 구입할 수 있습니다.

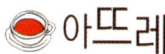 아뜨레

지하철 2호선 홍대입구역 5번 출구

→ KFC와 파스쿠찌 골목으로 진입해서
  푸르지오 아따트 상가를 찾아요.
→ Panamie 베이커리와 마포 평생 학습관
  사이의 언덕길을 따라 올라갑니다.
→ 아뜨레

☎ 02) 322-1940

Diary 7

# 티앙팡

 티앙팡

    대부분 직원들이 티 마스터 자격을 가지고 있는 티앙팡은 차를 잘 모르시는 분들이 귀찮으리만큼 물어보셔도 친절히 설명해 주시기 때문에 부담 없이 가셔서 이것저것 질문하셔도 된답니다.

    지하와 2층으로 구성되어 있는데, 저는 포근하고 안정적인 느낌이 강한 지하 좌석을 선호한답니다. 실내는 유럽 가정집 스타일의 분위기이며 다양한 다기구들도 전시되어 있습니다.

　　사장님께서 직접 수집하신 400가지 이상의 차들 덕분에 메뉴판을 넘길 때마다 차 사전을 보는 것 같은 느낌이 들어요. 주문받은 차를 내기 전에 직원 분들이 손바닥에 조금 따라 마시고 난 후, 손님에게 서빙한다고 합니다. 그래서 티 마스터 분들은 하루에 홍차 2리터 이상을 마시게 된다고 해요. 차 본연의 맛을 손님에게 온전히 전달하기 위한 티 마스터 분들의 숨은 노력이 느껴져 어떤 차를 마셔도 다 맛있게 느껴지는 것 같아요.

　　2단 트레이는 미리 예약을 하셔야 하는데, 메뉴는 계절에 따라 조금씩 바뀐답니다. 달콤한 쿠키와 꾸덕한 스콘, 제철 과일을 이용한 다양한 디저트들이 티타임을 더욱 즐겁게 해주네요.

　　초콜릿 덩어리, 호두, 피칸 등이 듬뿍 들어간 초콜릿 쿠키, 바삭하고 고소한 견과류 향이 살아있는 비스코티 등도 사장님께서 직접 구우신다고 하니 그 정성이 대단합니다. 다기류는 100년 이상의 역사를 지닌 쯔비벨 무스터 제품을 사용하신다고 합니다.

출중한 외모의 진수수 사장님은 일본인 어머니와 중국인 아버지 사이에서 출생하셨는데, 현재 티앙팡을 공동 운영하고 계신 임현정 님과 결혼하시고 한국에 정착하셨다고 합니다. 중국의 다양한 다원에서 차의 재배 과정도 공부하시고, 직접 다원을 개간하기도 하신 사장님은 차에 대한 박식한 지식과 불타는 열정을 가진 분이랍니다. 더구나 한국어는 한국인인 저보다 더 잘 하시더라고요.

이대 앞에서 예쁜 옷 쇼핑하신 후에 400여 가지 차들의 향연이 열리는 티앙팡을 찾아보세요.

 티앙팡

지하철 2호선 이대역 3번 출구
→ 직진하다 첫 번째 골목에서 우회전한 후
  다시 첫 번째 골목에서 좌회전합니다.
→ 미고 바로 옆에서 오른쪽으로 직진해요.
→ 티앙팡

 02) 364-4196

# 오르베의 홍차

# 오르베의 홍차

　오르베의 홍차는 여행을 좋아하시는 사장님께서 직접 외국에서 공수
해 오신 물건들로 꾸며져 있는 재미있는 곳입니다. 마사이 족 인형이 놓
여있는 것에서도 알 수 있듯 1층은 아프리카 분위기가 물씬 풍기고, 2층
은 중국, 인도 등 다국적 분위기를 느낄 수 있답니다.

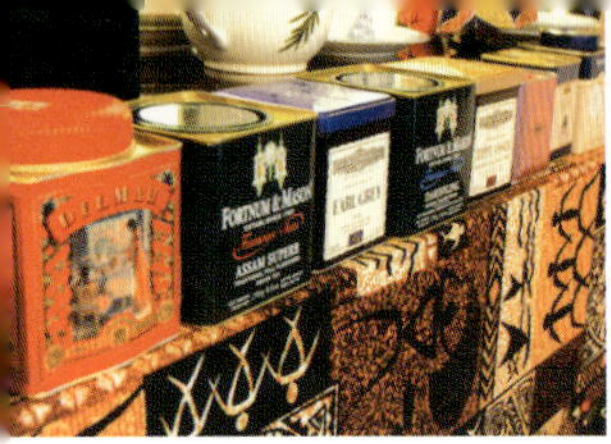
FORTNUM & MASON
ASSAM SUPERB
EARL GREY

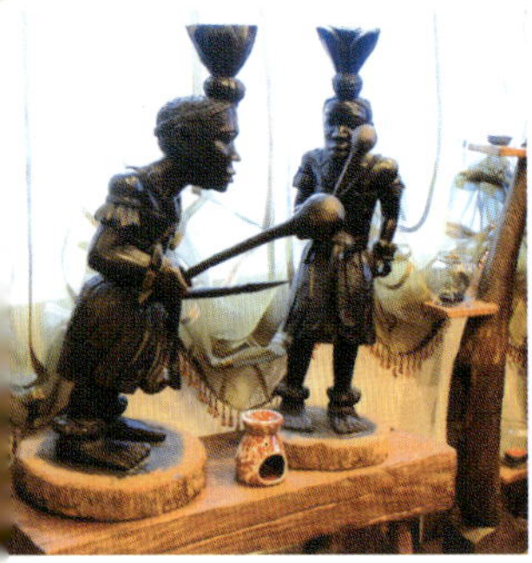

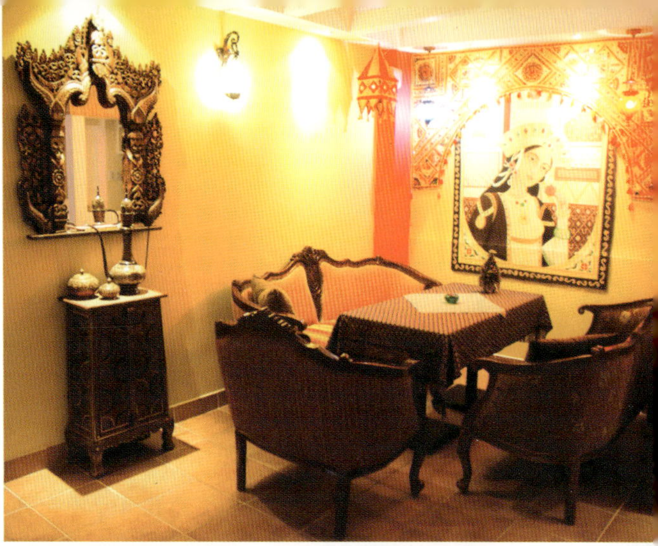

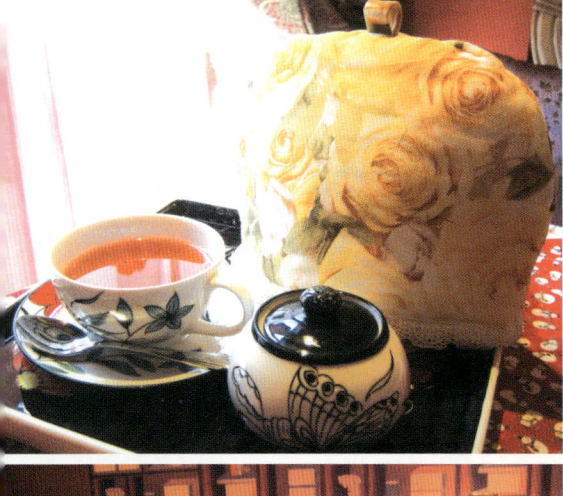

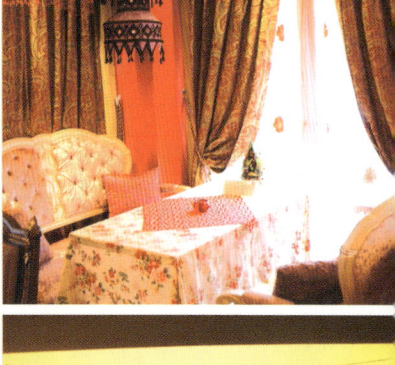

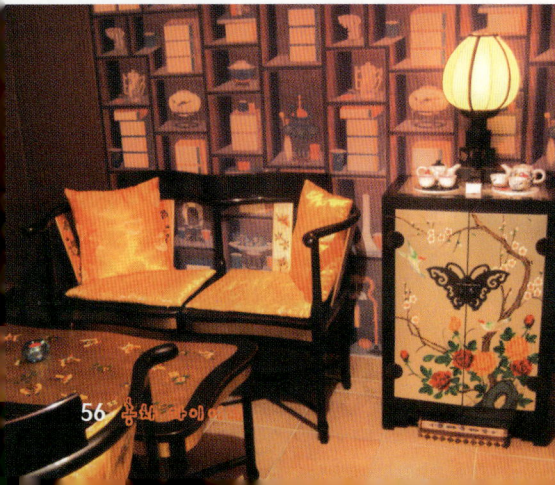

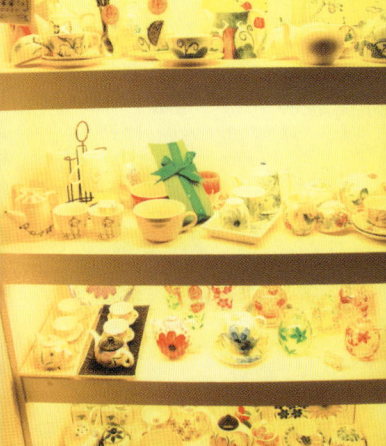

딜마에서 티 교육 받으신 사장님 내외분이 차의 품질에 대해 매우 엄격하셔서 하루에도 여러 번 티 테스팅을 하여 엄선된 차만을 손님에게 내놓는다고 하네요. 그래서인지 차 맛도 정말 좋은 곳.

## 🍵 오르베의 홍차

지하철 2호선 신촌역 2번 출구

→ 5분 정도 걸으면 왼편에 스타벅스가 보여요.

→ 스타벅스와 SKT 사이 골목으로 직진하다가 가문의 우동 옆 골목으로 꺾습니다.

→ 오르베의 홍차

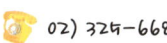 02) 325-6688

Diary 9
# 티포투

용선 팔이 외계

# 🍵 티포투

카페 이름인 티포투는 노,노,나네테 No, no, nanette 라는 뮤지컬의 티포투 tea for two 라는 노래 제목에서 따왔다고 합니다. 리사 오노 Lisa Ono 버전의 티포투 tea for two 라는 노래와 너무나 잘 어울리는 곳. 커피관련 용품들이 많은 흡연층인 지하부터 모던한 분위기의 2층, 그리고 하프와 피아노가 구비되어 있어 많은 연인들의 프로포즈 장소로 이용되는 3층에 이르기까지 그날그날 기분에 따라 몇 층에 앉을까 고민하곤 하지요. 대부분의 다기류는 1층의 공방에서 직접 만드신다고 하며 구매도 가능합니다. 티포투는 단순한 홍차 카페라기보다는 차가 있는 문화공간이라 칭하고 싶을 정도로 음악과 예술을 함께 즐길 수 있는 곳이에요.

친구와 함께 3단 트레이와 두 잔의 차가 포함된 애프터눈 티세트를 주문합니다. 호밀식빵에 햄, 치즈, 토마토, 피클, 양파와 각종 야채가 듬뿍 들어간 샌드위치. 코코넛 무스 케이크와 앙증맞은 미니 케이크들, 그리고 꾸덕꾸덕한 스콘과 쿠키들은 한 끼로 충분하죠. 거기다 맛있는 홍차 한잔과 함께라면 임금님 밥상이 부럽지 않겠죠. 저는 항상 스콘은 아삼과 함께 먹기 때문에 오늘도 밀크가 곁들여진 아삼을 마셨답니다. 우유를 위해 태어났다고 일컫는 아삼의 고소하고 약간은 중후한 맛이 스콘의 퍽퍽함을 상쇄해 주는 듯 했답니다. 차의 좋은 맛을 위해서 찻잔은 주방에서 예열되어 제공된다고 해요.

저는 밀크티로 맛있는 아삼을 마셨지만 사과, 히비스커스, 오렌지 등이 블렌딩된 이브의 유혹, 레몬과 라임향이 좋은 레몬 트리도 추천합니다.

종각역 ●

(구) 피아노 거리

티포투

 티포투

지하철 1호선 종각역 4번 출구

→ 종로 2가 방향으로 걸어오다 미샤에서 오른쪽 골목으로 꺾으세요.

→ 베니건스와 피자헛 사이 골목으로 들어가세요.

→ 티포투

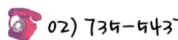 02) 735-5437

# 느린 달팽이의 사랑

달팽이가 기어간다.
지나는 새가 전해 준
저 숲 너머 그리움을 향해
어디 쯤 왔을까, 달팽이가 기어간다.

달팽이 몸 크기만 한
달팽이의 집
달팽이가 자기만의 방 하나 갖고 있는 건
평생을 가도, 먼 곳의 사랑에 당도하지 못하리라는 걸
그가 잘 알기 때문

느린 열정
느린 사랑
달팽이가 자기 몸 크기만 한
방 하나 갖고 있는 건
평생을 가도, 멀고 먼 사랑에 당도하지 못하는
달팽이의 고독을 그가 잘 알고 있기 때문

─유하

# 느린 달팽이의 사랑

　　유하 시인의 '느린 달팽이의 사랑'의 느낌이 그대로 살아 있는 곳인 느린 달팽이의 사랑은 항상 시끌벅적한 대학로의 구석에 숨어 있는 아담하고 편안한 공간이랍니다. 장성한 아드님 두 분이 직접 인테리어에 참여하셔서 그런지 애정이 듬뿍 느껴지는 곳이에요. 티매트, 티코지 등은 사장님께서 손수 손님들을 생각하시며 만드신 결과물이라고 해요.

　　대학생, 30대 초반, 그리고 중년층까지 다양한 연령대에 걸쳐 사랑을 받고 있는 느린 달팽이의 사랑에서는 위타드, 포트넘, 포숑 등 다양한 차를 맛 볼 수 있답니다. 사장님께서는 비오고 을씨년스러운 날 마시면 그만이라는 랍상 소우총을 가장 좋아하신다 해요.

　오늘은 작정하고 애프터눈 티 세트를 먹으러 왔기에 기대하고 자리에 앉습니다. 저는 달콤한 초코향과 과일향의 위스키 잔향이 좋은 위타드의 아이리쉬 크림을 주문하고, 친구는 은은한 장미향이 좋다며 잉글리쉬 로즈를 주문합니다.

　양상추, 토마토, 치즈, 햄 등이 듬뿍 들어간 크로아상과 묵직한 느낌의 치즈 케이크, 그리고 달콤 고소한 양갱, 마들렌 등 2단 트레이는 산타 할아버지의 선물 꾸러미 같이 계속 즐거운 맛의 향연을 선사하네요.

　친구와 함께해도 좋고, 혼자 가서 맛있는 차 한 잔과 책을 읽어도 좋은 대학로의 숨은 진주 같은 느린 달팽이의 사랑은 매월 둘째, 넷째 월요일은 휴무랍니다. 느린 달팽이의 사랑에 들어서는 순간, 시간은 정말 느린 달팽이가 되는 것 같아요. 여유로워지는 마음과 편안해지는 마음을 느끼시려면 대학로의 느린 달팽이의 사랑으로 찾아가 보세요.

## 느린 달팽이의 사랑

지하철 4호선 혜화역 4번 출구

→ 성대방면으로 걷다가 횡단보도를 건넙니다.

→ 던킨을 왼쪽에 끼고 2분쯤 가다가 명륜 고시원
  이 보이면 왼쪽으로 들어가요.

→ 느린 달팽이의 사랑

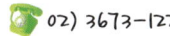 02) 3673-1222

# 🍲 페코 티룸

　　동양 최대 지하 쇼핑 공간인 코엑스는 주말이면 친구들과 자주 들르는 곳이랍니다. 이곳저곳을 방황하다 다리에 통증이 느껴질 때쯤 마지막으로 들르는 곳이 페코 티룸이에요. 일본에서 베이킹을 공부하신 언니, 영국에서 호텔 경영을 공부한 예쁜 동생분이 공동으로 운영하는 페코 티룸은 2005년 개업 이후 코엑스의 명물이 된 곳이랍니다.

　　내부는 빅토리아풍의 예쁜 가구들로 꾸며져 있고, 포근한 느낌이 드는 곳이에요. 직원들은 대부분 오래 근무한 정직원분들이라 가끔 가도 항상 같은 분들이 반겨 주셔서 고향에 온 듯한 느낌을 받기도 하지요.

　　간만에 만난 친구와의 수다에 홍차만은 부족한 듯 하여 애프터눈 티 세트를 주문합니다. 아랫단의 치즈, 햄, 양상추, 토마토가 들어간 호밀 샌드위치는 담백하기 그지 없네요. 페코 티룸의 3단 트레이에서의 백미 는 바로 얼그레이 스콘이랍니다. 몽블랑이 맛있기로 유명한 곳이지만 저 는 얼 그레이 스콘을 추천합니다. 스콘의 특징인 꾸덕꾸덕함은 덜하지만 그래서 더욱 부드럽고 고소합니다. 겉은 바삭하며 달콤한 다쿠아즈도 맛 있고 가장 위의 트레이의 딸기 케이크도 목에서 술술 넘어가네요. 프랑스 케이크 교실도 열리니 일정 체크하셔서 직접 케이크를 만들어 보는 것도 재미있을 것 같아요.

3단 트레이와 함께한 차는 마리아쥬 프레르의 **카사블랑카** Casablanca 였답니다. 카사블랑카라는 영화가 생각나는 로맨틱한 이 차는 녹차 베이스에 모로코 민트가 블랜딩되어 있답니다. 녹차 베이스에 베르가못 향까지 가향이 되어 있구요. 민트와 베르가못 향이 이렇게 잘 어울렸나 싶게 즐거운 조합이 느껴집니다.

코엑스의 번잡한 별다방, 콩다방 보다는 느긋한 마음으로 쉬어 갈 수 있는 페코 티룸에서 50여 가지가 넘는 차를 경험해 보세요.

## ☕ 페코 티룸

지하철 2호선 삼성역 코엑스 몰

→ 코엑스 내의 링코 후문을 찾아갑니다.

→ 백화점 쪽 통로로 커피빈을 지나 걸어가면 가장 안쪽으로 경성냉면이 보여요.

→ 페코 티룸

 02) 569-7626

ROYAL SALUTE

Diary 12

# 티 살롱

홍대 다이어리

# 🍵 티 살롱

이곳은 원래 5시 이후에는 서울의 야경을 배경 삼아 연인과 와인 한잔을 즐길 수 있는 곳으로 낮 시간을 효율적으로 활용하고자 티 살롱을 열었다고 합니다. 오전 11시 반부터 오후 5시까지는 독일의 유명 홍차 브랜드인 로네펠트의 차도 마시고 티세트도 먹을 수 있는 곳으로 탈바꿈 한다는 소식에 친구와 함께 가게 되었답니다. 창가 자리로 안내를 받고 앉자 재즈 선율이 한층 기분을 돋우어 줍니다. 세련되고 모던한 분위기의 인테리어에 벽면에는 재즈 뮤지션들의 사진이 걸려있어 재즈바를 연상시키기도 합니다.

　얼 그레이, 다즐링, 캐모마일 등 여러 종류의 차에서 저희가 주문한 것은 페퍼민트와 레몬 스카이. 63빌딩 티 살롱에서 가장 인기 있는 차는 페퍼민트라고 하는데 청량하고 상쾌한 페퍼민트 향이 사람들의 후각과 미각을 사로잡나 봅니다. 차가 준비되는 동안 청명한 날씨 탓인지 한강변에서 조깅하시는 분들의 동선을 따라 저의 시선도 같이 움직이다 보니 저도 그들과 함께 조깅을 즐기고 있는 것 같은 착각이 들더군요.

　어디선가 향긋한 레몬향이 느껴져서 시선을 티 살롱으로 옮기니 눈앞에 놓여진 티포트는 로네펠트의 그 유명한 '슬리핑 티팟'.

상큼한 레몬스카이를 조금씩 마시다 보니 주문한 세트 두 개가 나오기 시작합니다. 블루베리 알갱이들로 인해 침샘을 자극하기 시작하는 부드럽고 고소한 와플, 제철 과일과 핑거쿠키가 함께 나오는 진한 녹차 아이스크림이 일품인 데이 드리밍 세트 Day Dreaming Set 와 뉴욕 치즈 케이크, 건살구와 피칸 등 튼실한 견과류가 함유된 다크 초콜릿인 벨지음 넛, 그리고 수제쿠키 넛 튀일과 녹차 아이스크림의 구성인 스위트 드리밍 세트 Sweet Dreaming Set. 생각보다 진하지 않은 치즈 케이크의 실망감은 블루베리와 메이플 시럽이 감싸고 있는 와플을 먹으며 상쇄되어가고 진하디 진한 벨지음 넛을 입에 넣는 순간 행복감이 몰려옵니다. 손님들이 원한다면 아이스크림이나 다른 음식들을 원하는 맛으로 바꾸어 준다고도 하니 원하는 맛을 미리 말씀 드려주세요.

봉사료 10%, 세금 10%가 붙는 부담되는 가격이지만 한강을 배경으로 소중한 가족이나 사랑하는 연인과 함께 따뜻한 차 한잔에 디저트를 먹으며 가끔은 사치를 누려 보는 것도 좋지 않을까요.

 티 살롱

지하철 5호선 여의나루역 4번 출구
→ 선착장을 지나 63빌딩 59층으로 올라갑니다.
→ 티 살롱
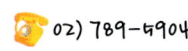 02) 789-5904

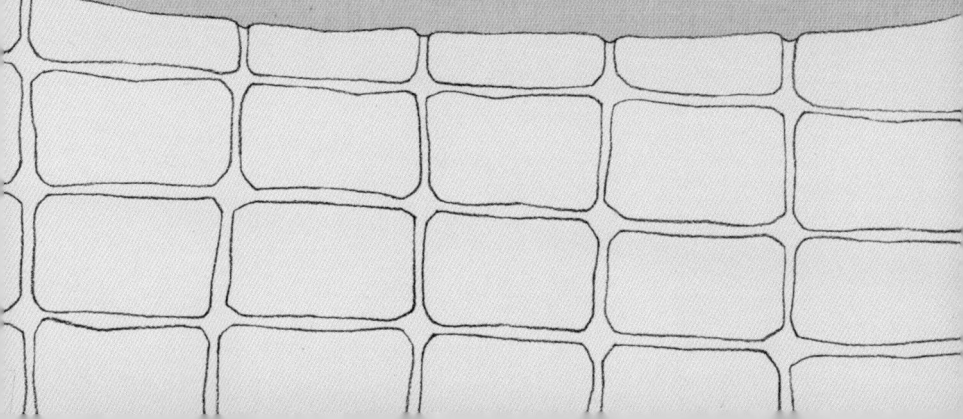

Part **Ⅲ**

# 정보 다이어리

Black Tea Diary

## Diary 13

### 홍차를 마시면 살이 빠진다 ?

밤 11시

새벽 6시

오후 4시

오후 12시

오전 9시

**홍차 계획표**

새벽 6시 : 포트넘 잉글리쉬 블랙퍼스트로 아침잠 깨기.

오전 9시 : 베르가못 향 물씬 풍기는 트와이닝 얼 그레이로 일과 시작하기.

오후 12시 : 출출해 오기 시작하면 딜마의 캐러멜 한잔으로 배 채우기.

오후 4시 : 식곤증에 몸부림 칠 때 사과향 솔솔 풍기는 포숑의 애플티 한잔을.

밤 11시 : 로네펠트의 캐모마일로 잠 청하기.

    카멜리아 시넨시스(Camellia sinensis)의 잎을 발효시킨 홍차는 지방을 분해하는 카페인, 지방 배설을 촉진시키는 카테킨 이외에도 단백질, 지방질, 당질, 섬유소 등이 함유되어 있습니다. 그래서 다이어트에 효과적일 뿐 아니라 뇌졸중 예방, 스트레스 해소, 노화방지, 항암효과에도 좋답니다.

    홍차에도 커피와 마찬가지로 카페인이 함유되어 있어서 숙면을 위해서 저녁에는 마시지 않는 것이 좋아요. 단, 캐모마일 같은 카페인 프리(Caffeine-free) 차들은 나이트 티로도 좋답니다.

# caffeine
# FREE

## Diary 14

### 🏷️ 홍차, 녹차, 허브차 ?

'홍차는 붉어서 홍차이고, 녹차는 녹색이라 녹차인 거잖아!'

이름 덕분에 붉다는 느낌을 받는 홍차는 영어로는 블랙티 <sup>Black tea</sup> 라는 것을 다들 아실 거에요. 그 이유는 발효 후에 검은색으로 변하기 때문이죠. 그러면 홍차와 녹차는 단순히 색의 차이일 뿐일까요? 색의 차이는 바로 발효의 정도 차이랍니다.

> 녹차　　: 발효를 시키지 않은 불 발효차
> 우롱차　: 발효정도가 12~85% 반 발효차
> 홍차　　: 발효 정도가 85% 이상인 차
> 허브차　: 꽃잎이나 씨앗, 뿌리 등을 건조해서 만든 차

홍차를 마시다 보면 홍차 베이스에 허브가 블랜딩된 차들이 많습니다. 허브는 약이나 향료로 쓰이는 식물로 종류마다 뛰어난 효능을 가진 허브들이 많답니다.

| | |
|---|---|
| **라벤다** | 스트레스를 받거나 불안할 때 마시면 안정이 됩니다. |
| **로즈메리** | 뇌를 자극하여 기억력을 향상시켜 준다고 하네요. |
| **로즈힙** | 시큼 달콤한 맛의 지존. 레몬보다 비타민 C가 20배 이상 들었다고 하니 감기에도, 피부에도 좋겠죠. |
| **레몬 그라스** | 상큼한 레몬 맛. 소화불량에 좋아요. |
| **레몬 버베나** | 긴장 완화, 불면증에도 효과가 좋습니다. |
| **마리골드** | 열을 내려 주므로 해열제로 좋아요. |
| **스피어민트** | 페퍼민트에 비해서 순하고 달콤한 청량감을 느낄 수 있기에 소화불량이거나 졸음 올 때 가끔 마시곤 해요. |
| **시나몬** | 제가 가장 좋아하는 허브랍니다. 몸을 따뜻하게 하는 효과가 있어서 추운날 우유에 향신료들과 섞어 차이를 만들기 좋아요. |
| **오렌지 필** | 오렌지 껍질을 말린 것으로 싱거운 듯한 상큼한 맛이 나는데, 감기에 좋아요. |
| **엘더 플라워** | 수세기 전부터 만병통치약으로 쓰였을 만큼 효능이 뛰어납니다. |
| **클로브** | 은근한 단맛 뒤에 조금은 씁쓸한 한약 맛이 나지만 진통효과가 있어요. 차이 만들 때 단골! |
| **캐모마일** | 사과향과 비슷한 달콤한 향이 납니다. 감기 예방, 두통, 복통에 좋고 숙면에 좋아 밤에 자주 마시면 좋아요. |
| **페퍼민트** | 개운한 청량감으로 파워풀한 멘톨 향을 풍깁니다. |
| **펜넬** | 다이어트에 탁월한 허브로서 식욕 억제, 변비에도 효과가 있어요. 특히 요리할 때 냄새를 제거하기 위해서도 사용되죠. |
| **히비스커스** | 비타민이 풍부해서 피로회복제로 사용되고 특히 피부에 좋습니다. |

# Diary 15

 홍차 관련 용어는 안드로메다어?

'수렴성이 강한걸, 어머 골든링 좀 봐!'
'무.슨... 말....이야?'

　홍차를 좋아하는 친구가 홍차 한 잔을 마시며 안드로메다별에서나 쓸 법한 말을 하지 않겠어요. 고상한 척, 유식한 척 한다고 핀잔을 주긴 했지만 사실 기본적으로 알아야 할 홍차에 관한 용어들이 몇 가지 있답니다.

## 🍵 점핑현상

　도자기 티포트만 사용하다 친구에게 속이 훤히 들여다보이는 유리 티포트를 선물 받았답니다. 기쁜 마음에 집에 항상 축적해 두는 얼 그레이 찻잎을 넣고 우리기 시작했죠. 가만히 보고 있으려니 찻잎들이 사방으로 힘껏 수영을 하며 예쁜 수색으로 티포트를 물들이고 있었답니다. 찻잎들이 열심히 수영을 하는 이런 현상을 [점핑현상]이라고 해요. 찻잎이 땀나도록 움직여야 잎이 잘 우러나는 것은 당연하겠죠. 그래서 티백보다는 잎차가 잘 우러나는 것이지요.

## 🔴 수렴성

차를 우리는 적정시간을 지나 탕약처럼 우러난 홍차를 마신 적이 있으실 거에요. 혀가 불 위에서 비비 꼬며 말려드는 오징어가 되는 것 같은 이런 느낌, 즉 입안이 조여드는 이런 텁텁한 현상을 [수렴성]이라 부른답니다. 와인을 마실 때 탄닌의 떨떠름함으로 인해 혀가 쪼이는 것 같은 느낌과도 같아요.

## 🔴 크림다운 현상

집에 귀한 손님이 오셨답니다. 트와이닝의 레이디 그레이로 아이스티를 만들기 시작했죠. 뜨겁게 우린 차에 얼음을 투하하자 찻물이 희뿌옇게 변해서 손님이 실망할까 안절부절 못 하던 기억이 납니다.

뜨거운 차를 급하게 차게 만드는 것을 [급랭]이라고 하는데, 홍차의 주성분인 탄닌과 카페인이라는 친구들은 급격히 온도가 낮아지면 결합을 하는데, 이 과정에서 탁해지는 [크림다운 현상]이 생긴답니다. 그러나 차의 맛이나 성분에는 영향을 미치지는 않아요. (딤불라/Dimbula 베이스 홍차들은 탄닌 성분이 적어 크림다운 현상이 덜 생긴답니다.)

## 🔴 골든링

무심코 지나치던 주변의 무언가를 정신 차리고 살펴보다 평소와 다른 것을 발견하는 일. 간혹 있지 않으신지요. 포트넘의 퀸앤을 한 잔 마시면서 멍하니 찻잔을 들여다보다 찻잔 가장자리에서 발견한 금색 띠.

찻물을 잔에 담았을 때 수면 가장자리에 생기는 '금색 띠'는 질 좋은 홍차에서 흔히 볼 수 있는 [골든링]이랍니다. 적색의 홍차를 금색의 반지가 사랑스럽게 감싸고 있는 모습. 앞으로는 덤으로 챙겨 보세요.

## Diary 16
### 홍차의 분류

🍵 **스트레이트 티 VS 베리에이션 티**

설탕을 넣지 않은 얼 그레이 한 잔과 설탕과 우유를 넣은 얼 그레이 한 잔이 있다고 가정해 볼까요. 전자를 스트레이트 티(Straight tea), 후자를 베리에이션 티(Variation tea)라고 부른답니다.

우려내는 방식에 따라 찻잎에 아무것도 넣지 않고 우리면 스트레이트 티라고 부르고 설탕, 과일, 향신료, 우유 등을 가미해 우리면 베리에이션 티.

🍵 **스트레이트 티(=클래식 티) VS 블렌디드 티**

우리는 방식에 따른 분류에서 설탕, 향신료, 우유 등을 넣지 않고 우리는 것을 스트레이트 티라고 언급했는데, 여기서의 스트레이트 티는 또 무엇인지 궁금하시죠. 단일 산지에서 생산된 차들로 스트레이트 티(Straight tea) 또는 클래식 티(Classic tea) 라고 부른답니다. 클래식 티는 다원의 환경(고도, 풍토, 기후, 토양, 강수량 등)에 따라서 개성있는 맛과 향을 분출해서 각기 다른 맛을 느낄수 있습니다.

클래식 티들의 이름은 특정 지역(다원)에서 따온 것이죠.

세계 3대 홍차로 불리우는 다즐링, 우바, 기문을 예로 들어볼까요. 다즐링은 인도 북동쪽의 다즐링 마을에서 생산되는 홍차이며, 우바는 스리랑카의 우바 고산지대에서, 기문은 중국 서남부의 기문 지역에서 생산되는 홍차를 말하는 것이랍니다. 이 외에도 인도 아삼주의 아삼, 인도 남부 고원지대의 닐기리, 스리랑카 남부 고원지대의 딤불라, 중국 푸젠성의 랍상 소우총 등 다양한 클래식 티들이 있답니다.

클래식 티와는 달리 블렌디드 티(Blended tea)는 단일 산지가 아니라 다양한 산지의 찻잎을 섞은 차를 말합니다. 즉, 다즐링, 기문, 우바, 실론 등의 클래식 티들을 2~3가지 섞어서 만든 차를 의미하는 것이죠.

## 🍵 플레이버리 티

플레이버리 티(Flavory tea)는 찻잎에 향으로 옷을 입힌 것을 말합니다. 예를 들어 포숑의 애플은 홍차 잎에 사과 향을 입힌 가향차이고, 트와이닝의 레이디 그레이도 홍차 잎에 시트러스 향을 입힌 가향차입니다.

이외에도 향수의 나라, 프랑스의 홍차 브랜드인 마리아쥬 프레르나 니나스 파리의 가향티들이 인기가 높습니다. 마리아쥬 프레르의 캐러멜과 초콜릿 가향의 웨딩 임페리얼과 마르코 폴로, 니나스 파리의 바닐라와 캐러멜 가향의 쥬뗌므, 떼드방돔, 떼 쉬르 라뤼 등 가향차의 종류는 정말 많답니다.

## Diary 17
### 사이다냉침? 우유냉침?

찻물의 수색이 탁해지는 크림다운 현상을 방지할 수 있는 방법이 있습니다. 찬물에 홍차를 우리는 냉침인데, 방법은 간단합니다. 보관용기에 찻잎과 찬물을 넣고 냉장고 안에서 보통 6시간~24시간 우리면 된답니다. 냉침 시에는 보통 마시는 찻잎양보다 조금 더 넣으시면 좋고, 냉침 시간은 취향에 따라 가감할 수 있습니다.

냉수냉침, 우유냉침, 사이다냉침 등 냉침의 종류는 무궁무진합니다. 우유에는 찻잎이 잘 우러나지 않기 때문에 보관용기에 찻잎을 넣고 10ml정도 소량의 뜨거운 물에 잠시 우리고 난 후 우유를 부어 냉침하면 잘 우러난답니다. 단, 냉침은 찻잎이 장시간 노출되어 있는 것이기 때문에 차의 깊고 오묘한 맛이 줄어들 수 있다는 단점은 있겠죠.

* 앤디 워홀의 작품 [체 게바라]를 패러디함.

# Diary 18
## 백차 VS 루이보스차 VS 마테차

홍차 이외에도 '웰빙차'로 잘 알려진 차는 많이 있지만 그중에서 백차, 루이보스, 마테차를 쉽게 접할 수 있는 것 같아요.

### 🔴 백차

이름 때문에 찻물도 흰색일 것이라고 생각하게 만드는 '백차'는 부드러운 솜털이 붙어있는 어린 차를 건조시켜 만든 차로 당뇨병, 심장병 예방, 장 청소, 다이어트, 심지어 신종 플루 예방 효과도 있습니다.

(하니 앤 손스의 Wedding, White Christmas추천)

### 🔴 루이보스차

'Redbush tea'라고 불리는 루이보스는 카페인, 탄닌 성분이 없고 항산화작용, 노화방지, 피부미용에 탁월하다고 해요. 남아프리카의 세더버그(Cederberg)에서 자생하는 루이보스는 달고 은은한 나무냄새가 좋고, 특히나 밀크티로 맛있습니다.

(브리즈의 Persica, 하니 앤 손스의 African Autumn추천)

### 🔴 마테차

마테차는 '마시는 샐러드'라고도 불리우는 웰빙차로 소량의 카페인과 탄닌을 포함하고 있어 조금은 쓴맛이 느껴지지만 시력, 피부미용, 이뇨효과 등 건강에 좋은 차 중의 하나입니다.

(따라구이, 라메르세드 마테차 추천)

TAYLORS of HARROGATE
ORGANIC
PURE ROOIBOS
LA MERCED
YERBA MATÉ
5 Sachets
Net Wt .4 oz
11.2 grams
Mandarin - Orange
LA MERCED
YERBA MATÉ
ORGANIC
HIERBAS SILVESTRES
MELISA
LEMON BALM
Frutilla y Vainilla
MATE COCIDO
TARAGÜI

# Diary 19

## 베르가못, 머스캣, 몰트향

> " 어제 마신 차랑 오늘 마신 차랑 맛이 어떻게 달라? "
> " 어제 차는 맛있었고, 오늘 차는 맛이 없는데...... "

향이나 맛의 묘사를 원하는 분들에게 맛있다, 맛없다라는 원초적인 답변만을 했었던 얼굴 붉어지는 기억들. 굳이 유식한 말 섞어가며 맛을 묘사하지 않아도 되지만 알아두면 편한 홍차계의 대표적인 세 가지 향은 바로 베르가못, 머스캣, 몰트향입니다.

### 머스캣 향

'홍차의 샴페인'이라는 로맨틱한 별명을 가지고 있는 세계 3대 홍차 중의 하나이기도 한 다즐링은 수확시기에 따라 크게 세 가지로 구분됩니다. 첫물, 세물차보다 향긋한 머스캣 향을 더욱 느낄 수 있는 은은한 샴페인 같은 두물차 다즐링을 좋아하시는 분들이 가장 많으신 것 같아요. (로네펠트의 Jungpana 추천)

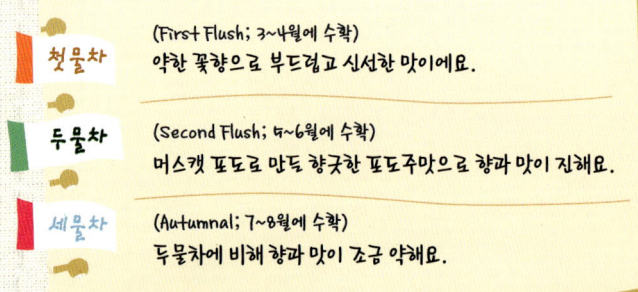

첫물차 (First Flush; 3~4월에 수확)
약한 꽃향으로 부드럽고 신선한 맛이에요.

두물차 (Second Flush; 5~6월에 수확)
머스캣 포도로 만든 향긋한 포도주맛으로 향과 맛이 진해요.

세물차 (Autumnal; 7~8월에 수확)
두물차에 비해 향과 맛이 조금 약해요.

## ◉ 베르가못 향

가향차 중에 최고라 할 수 있는 얼 그레이에서 나는 향을 바로 베르가못 향이라고 합니다. 목욕용품으로도 많이 사용되는 베르가못이란 열매의 오일을 추출해서 잎에 향을 입히면 바로 얼 그레이.

(티센터 오브 스톡홀름의 Earl Grey Special 추천)

## ◉ 몰트 향

조그마한 요정에서 인간으로 변신했을 때의 수려한 외모와 여자 주인공과의 사랑을 끝까지 지키는 정열의 아삼왕자.

일본만화 [홍차왕자]의 아삼왕자 덕분에 아삼을 마실 때마다 화려한 로맨스를 꿈꾸게 됩니다. 약간은 중후한 남성적인 느낌인 아삼의 달콤하면서도 고소한 엿기름 향을 바로 몰트향이라고 합니다. 구수하고 담백한 고구마 맛이라고도 한답니다.

(실버팟의 아삼 CTC Hatimara 추천)

# Diary 20
## 티백의 종류

'여자는 티백과 같아서 뜨거운 물에 빠지기 전에는
여자가 얼마나 강한지 아무도 모른다.'

극한 상황에 치달았을 때 물불 가리지 않고 강해지는 어머니들을 볼 때면 영부인이었던 엘리너 루즈벨트 여사의 말이 생각납니다.

티백을 뜨거운 물에 투하하자마자 차액이 진하게 우러나오는 것을 관찰한 분들이라면 여성의 강인성을 티백에 비유한 그녀의 재치에 충분히 동감할 수 있겠죠.

티백보다는 잎차가 더 좋다고 생각하시는 분들이 많으신 것 같은데, 티백과 잎차 중에 어떤 것이 좋고, 나쁘다라고 단정 짓는 것은 옳지 않아요. 각각 장단점이 있기 때문입니다. 티백 제품들도 우리는 시간만 잘 조절하면 좋은 맛이 나오기 때문에 많이 사랑받고 있습니다.

벌크티백, 사체티백, 모슬린티백 등 티백의 종류도 다양하답니다.

## 벌크티백

개별포장이 아니라 알맹이만 있는 티백을 벌크티백이라
고 하는데, 향이 금방 날아가기 때문에 개봉과 동시에
보관에 각별한 신경을 써야 하는 티백입니다.

## 사체티백

피라미드형 실크티백으로 일반티백에 비해 공간
이 넉넉해 점핑현상이 활발해서 잘 우려납니다.

## 모슬린티백

면사로 이루어진 티백으로 일반티백의 마분지 맛이
나지 않는 비싼 몸값을 자랑하는 티백입니다.

마리아쥬 프레르(Mariage Freres)나 쿠스미(Kusmi
Tea)에서 주로 사용합니다.

# Diary 21
## 맛있는 홍차를 위한 4대 요소?

가상 라디오 퀴즈 프로그램에서 진행자와 청취자와의 대화입니다.

진행자 "연극의 4대 요소는?"

청취자 "배우, 관객, 무대, 희곡"

진행자 "세계 3대 홍차는?"

청취자 "흠..어려운데요. 기문, 우바, 다즐링 아닌가요?"

진행자 " 정답입니다! 마지막 문제입니다.
            홍차 만들 때의 4대 요소는 ?"

청취자 "......???"

 물

**" 정수기 물 NO! 생수 NO! 바로 받은 신선한 물 YES!"**

산소가 많이 포함된 바로 받은 수돗물부터 공기 함유량이 적은 정수기 물, 미네랄 워터까지 물의 종류가 참 많죠. 홍차는 산소와 친하답니다. 따라서 받아 놓은 물이나 정수기 물보다는 바로 받은 수돗물이 찻잎의 점핑을 촉진해서 차 맛이 더 좋아집니다.

## ◉ 온도

보고 있으면 절대 끓지 않는 얄미운 물. 그러나 잠시 눈을 돌린 사이 어느새 그만 보글보글 수준을 지나 끓어 넘치곤 하죠. 홍차의 풍미를 좋게 하는 폴리페놀이라는 성분은 물이 뜨거울수록 잘 우러나오므로 물은 95~100℃ 정도로 끓어야 좋아요. 기포의 크기가 50원짜리 동전보다 커진다면 물 속의 산소가 많이 빠져나가 차를 우릴 때 점핑이 잘 되지 않는답니다.

## ◉ 찻잎의 양

사실 차를 우릴 때 물의 양이나 찻잎의 양은 기호에 따라 천차만별입니다. 티백은 특별히 차의 양을 조절할 필요 없이 티백에 명시되어 있는 물만 부어 우리면 되지만 잎차는 찻잎을 조절할 수 있지요. 마시다 보면 각각의 차에 맞는 최적의 조건을 스스로 발견할 수 있을 거랍니다.

## ◉ 우리는 시간

홍차를 우려내는 시간도 기호에 따라 다르기에 수차례 시도를 거쳐 찾아내는 것이 가장 좋겠지요. 물론 대부분 우리는 시간은 명시되어 있는데, 명시되어 있지 않다면 보통 3분 우립니다. 잎이 크면 평소 우리는 시간보다 오래, 잎이 작으면 덜 우리면 되겠죠.

# Diary 22

## 잎차 우릴 때 필요한 주연, 조연 배우들은?

잎차를 우리는 내공이 부족했던 시절, 물에 입수시키면 적정 시간만 지나고 나서 바로 마실 수 있는 티백만 줄기차게 애용했지요. 그러나 예민한 아기 피부 같은 섬세한 잎차의 매력에 푹 빠지자 요즘에는 잎차도 자주 마신답니다.

[잎차 끓이기]라는 연극에 필요한 주연들과 조연 배우들을 살펴보도록 해요.

### 주연 배우들

- **주전자** 나 없음 물을 어디에 끓일래?
- **티포트** 주전자에서 끓인 물을 얼른 저에게 부어주세요!
- **잎차** 나는 주연 중의 주연이라고!
- **찻잔** 잎차를 넣고 우리고 난 뒤에 그냥 마시나요? 나에게 옮겨 우아하게 마셔야지요.

### 조연 배우들

- **티메져스푼** 밥 숟가락으로 잎차를 옮기려고?
- **스트레이너** 망이 촘촘한 나에게 불어난 찻잎을 걸러달라고!
- **티코지** 티포트의 온도를 따뜻하게 유지해주는 모자 모양의 천이랍니다. 많은 여성들이 예쁘게 저를 만들려고 안달이죠!
- **티매트** 티포트나 찻잔 밑에 깔려 그들의 온도를 따뜻하게 유지시켜 준답니다. 약방의 감초와 같다고 할까요.

# 잎차 우려기     *loose tea*

▶주전자에 물을 끓여요. (금방 받은 물로 끓여야 산소가 많아 찻잎의 점핑이 잘 이루어집니다.) 물이 끓으면 티포트와 찻잔에 물을 부어 미리 예열해요.

▶티포트에서 예열하기 위해 부었던 물을 따라 버리고, 찻잎을 넣고 끓인 물을 넣어요.

내 안에 티포트 있다!

▶적정시간(차마다 달라요.) 우려 내는데, 찻잎을 우리는 동안 티포트에 티코지를 덮어 보온하는 것이 좋아요.

▶찻잔에 스트레이너를 걸쳐 놓고 티포트를 따라 잎을 거른 후, 맛있게 마시면 되는 거죠. 별로 어렵지 않죠?

# Diary 23  홍차들도 대학을 가나요?

　1등급, 2등급 내신 등급 매기는 것도 아니고, 왠 등급타령인지 궁금하시죠? 대강 보면 모두 같아 보이는 홍차들도 여러 등급으로 나누어집니다. 등급까지 알아두어야 하는지 머리에 쥐가 날 것 같은 분들이 분명 계실 거에요. 저도 사실은 좋은 등급의 차를 구입하기보다는 베르가못, 초콜릿, 캐러멜, 히비스커스 등등 제가 좋아하는 향이나 재료가 블랜딩된 차를 구입하는 편이거든요. 그러나 명시되어 있는 등급 표시를 어느 정도는 숙지하셔야 보다 좋은 차를 구입할 수 있기 때문에 몇 가지 등급 표시들을 알려 드릴게요. 영어 단어가 하나씩 붙을 때마다 품질 좋은 차라고 생각하시면 쉬울 거랍니다.

● **P** Pekoe
아래의 OP(오렌지 페코)등급보다 새순이 덜 함유된 홍차를 말합니다.

● **OP** Orange Pekoe
오렌지 맛이 날 것 같다는 단순한 생각으로 구입했던 오렌지 페코. 줄기의 끝에서 두 번째 잎을 의미하지만 요즘에는 오렌지 페코라는 이름의 홍차 종류로도 인기를 끌고 있답니다. 인도와 스리랑카의 차를 블랜딩한 순하고 부드러운 오렌지 페코는 홍차 초보자 분들이 많이 찾으시는 차 중 하나랍니다.

● **FOP** Flowery Orange Pekoe
F(flowery)는 꽃이 아닌 잎의 눈을 의미하는데, 어린 새순이 보이고, 홍차의 찻잎 상태가 남아 있는 차를 말해요.

● **TGFOP** Tippy Golden Flowery Orange Pekoe
잎의 새순 부분이 다량 함유되어 찻잎의 형태가 남아 있는 것으로 최상급의 아삼홍차에서 많이 볼 수 있답니다.

● **SFTGFOP** Super-Fine Tippy Golden Flowery Orange Pekoe
보통 최상급의 다즐링에서 볼 수 있는 등급 표시랍니다.

# Marks & Spencer Ltd.
## Gold Label Tea

3'9

80

# Diary 24
## 향이 다 날아갔어요! 보관은 어디에 하나요?

날쌘돌이 고양이 톰과 귀여운 생쥐 제리의 쫓고 쫓기는 추격전이 재미있어 어릴 적 톰과 제리에 푹 빠져 있었는데, 공기/수분과 홍차의 관계도 톰과 제리의 관계랍니다. 공기와 수분이 홍차에 달려 들기 때문에 차를 구입하면 밀폐력이 좋은 곳에 보관해야지 그렇지 않으면 공기와 습기로 인해 향도 날아가고 눅눅해진답니다.

따라서 도자기나 유리 밀폐 용기에 넣어 두시거나 소량 소분을 하는 방법이 있죠. 은박 봉투 구입 후, 다리미, 밀봉기나 고데기 등으로 열을 가하고 봉하는 소분을 많이 합니다. 저는 양이 많은 잎차를 구입하면 반 정도는 은박 봉투에 넣어 밀봉하고 단기간 내에 마실 나머지 분량은 지퍼 은박봉투에 넣어 보관한답니다. 밀폐력이 그다지 좋지 않은 티백인 경우 OPP/풀봉투에 넣어 보관해야 달아나는 향을 어느 정도 잡아 둘 수 있답니다.

# 소분 순서!

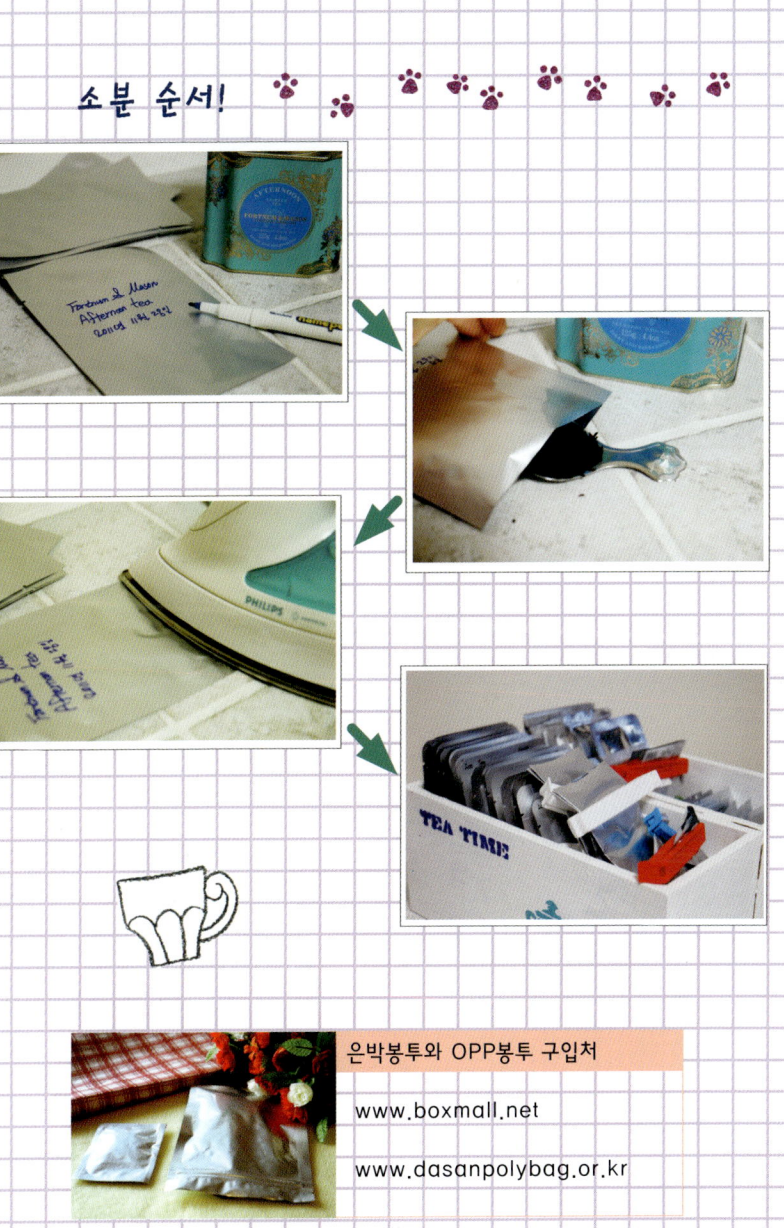

은박봉투와 OPP봉투 구입처

www.boxmall.net

www.dasanpolybag.or.kr

## Diary 25
### 티포트에 배인 찻물이 안 지워져요!

좋아하는 찻잔이나 티포트가 깨지면 정말 내 몸이 깨지는 것 같은 충격에서 한참을 벗어나지 못하죠. 깨진 것은 다시 붙일 수는 없지만 찻물이 밴 경우에는 치약으로 문질러 닦으면 제거할 수 있어요. 진하게 배인 경우에는 탄산수소나트륨이나 소다수에 담가두면 좋답니다.

# Diary 26
## 비오는 날은 꼭! 랍상 소우총을 마시자

소나무 잎을 태운 훈향이 비 냄새와 어느 정도 닮아 있어서일까요. 비가 오는 날에 주저없이 고르는 차는 바로 랍상 소우총이랍니다.

소화불량일 때 먹는 정로환은 뇌의 맛 지도에서조차 지위지지 않는 강력한 향과 맛을 자랑하는데, 정로환을 녹여 음료로 만든다면 바로 그 맛은 랍상 소우총과 흡사할 것 같아요.

포트넘 앤 메이슨의 랍상 소우총이 가장 파워풀한 묵직함과 중후한 훈향을 맛 볼 수 있지만 저는 개운하고 달콤하게 다가오는 은은하고 알싸한 훈연향의 하니 앤 선스의 랍상 소우총이 입에 맞는답니다. 포트넘의 랍상 소우총이 산에서 장작 패는 억센 중년의 남성이 연상된다면, 하니 앤 선스의 랍상 소우총은 온실 속 화초처럼 곱게 자란 20대 청년 같은 느낌이에요. 5분 이상 우려도 떫지 않고, 식으면 더욱 달콤해지는 것 같아요. 훈연향을 두려워하지 마시고, 순딩이 하니 앤 선스의 랍상 소우총 부터 시작해 보세요.

## Diary 27

# 크리스마스에 마시는
# 크리스마스 티

발렌타인 데이에는 하니 앤 손스의 Valentine's Blend를 마시고,

할로윈 데이에는 카렐의 Halloween tea를,

그럼 크리스마스 때는?

포트넘의 Christmas Spiced Tea

카렐의 Christmas Tea

테일러즈 오브 헤로게이트의 Spiced Christmas

쿠스미의 Christmas Tea

그린필드의 Christmas Mystery

하니 앤 손스의 White Christmas Tea 등등등

크리스마스는 예수님의 탄생 말고도 무언가 특별한 로망과 아름다움을 품고 있는 날인 것 같아요. 그래서인지 각종 브랜드들에서 '크리스마스'가 붙은 차들을 많이 선보이고 있는 게 아닌가 싶어요.

크리스마스 티에는 보통 오렌지 필, 레몬 필, 아몬드, 생강, 시나몬 등 각종 향신료가 블렌딩되어서 밀크티로도 맛있답니다.

포트넘의 Christmas Spiced Tea

카렐의 Christmas Tea

쿠스미의 Christmas Tea

테일러즈 오브 헤로게이트의
Spiced Christmas

# Diary 28

## 계절타는 티타임, 봄

특정 계절에만 마셔야 하는 차가 정해져 있는 것은 아니지만 특정 계절에 주로 손이 가는 차들은 있는 것 같아요.

특히 봄에는 모든 만물이 활력을 찾아 만개하는 시기라 네이밍에서부터 '봄'을 상징하는 차(Wedding Imperial, Wedding) 뿐 아니라 캐모마일류(Yellow & Blue, Camomile Meadow)나 향긋한 시트러스(Earl Grey Special), 다즐링(Jungpana)류에 손이 자주 가는 것 같아요.

베스트 1
하니 앤 손스 Yellow & Blue

베스트 2
그린필드 Camomile Meadow

베스트 3
티센터 오브 스톡홀름 Earl Grey Special

베스트 4
로네펠트 Jungpana

베스트 5
딜마 Watte

베스트 6
포숑 Baby Shower Tea

베스트 7
마리아쥬 프레르 Wedding Imperial

베스트 8
로네펠트 Verbena

베스트 9
하니 앤 손스 Wedding

베스트 10
포트넘 앤 메이슨 Queen Anne

# Diary 29

## 계절타는 티타임, 여름

본격적인 냉침이 시작되는 계절인 여름에는 생수냉침, 사이다 냉침이 맛있는 차들을 꼭 구비해 두셔야 하죠.

온전한 수정과 맛을 잘 구현하고 있는 차들(Hot Cinnamon Spice, Cinnamon Apple Spice)뿐 아니라 상큼한 레몬맛의 절정(Lemon Sky, Lemon & Lime)과 위타드의 일명 쓰리 베리(Very, very berry)등이 인기랍니다.

베스트 1
하니 앤 손스 Hot Cinnamon Spice

베스트 2
로네펠트 Red Berries

베스트 3
로네펠트 Lemon Sky

베스트 4
루피시아 Sakurambo

베스트 5
셀레셜 Cinnamon Apple Spice

베스트 6
위타드 Very, very berry

베스트 7
로네펠트 Grape fruit punch

베스트 8
브리즈 Muscat

베스트 9
아마드 Lemon & Lime

베스트 10
위타드 Morning Reviver

## Diary 30

## 계절타는 티타임, 가을

티타임과 가장 잘 어울리는 티푸드는 책이 아닐까요. 독서의 계절인 가을에 책과 잘 어울리는 차들은 통통 튀는 맛이 아니라 조금은 가라앉은 낙엽과 닮은 차들인 것 같아요. 훈연향이 좋은 차(Prince of Wales, Sir John Blend)와 가을의 농익은 사과를 잘 구현한 애플티, 그리고 나무향 짙은 루이보스류(African Autumn)가 가을에 잘 어울리는 차인 것 같아요.

베스트 1
트와이닝 Prince of Wales

베스트 2
실버팟 Maple Tea

베스트 3
위타드 Keemun

베스트 4
포숑 Apple Tea

베스트 5
하니 앤 손스 African Autumn

베스트 6
티센터 오브 스톡홀름 Sir John Blend

베스트 7
마리아쥬 프레르 American Breakfast

베스트 8
카렐 Queen's Apple

베스트 9
니나스 파리 The sur la Lune

베스트 10
베노아 Apple Tea

## Diary 31

## 계절타는 티타임, 겨울

겨울에는 단연코 밀크티에 어울리는 차들이 어울리겠죠. 초콜릿이나

캐러멜 가향 차들이 밀크티로 만들었을 때 맛있답니다. 진한 몰트향의 아삼(Assam) 베이스 차들이 좋은데, 특히 아삼 CTC(Curl, Tear, Crush) 공법을 거친 동글동글하게 잘 말린 아삼이 잘 우러난답니다.

**베스트 1**
로네펠트 Irish Malt

**베스트 2**
로네펠트 Herren Toffee

**베스트 3**
헤로게이트 Yorkshire(Gold) Tea

**베스트 4**
딜마 Caramel

**베스트 5**
실버팟 Assam CTC Hatimara

**베스트 6**
마리아쥬 프레르 Marco Polo

**베스트 7**
하니 앤 손스 Winter White Earl Grey

**베스트 8**
마리아쥬 프레르 Chandernagor

**베스트 9**
카렐 Holy Milk Tea

**베스트 10**
셀레셜 Sugar Cookie Sleigh Ride

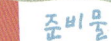
**준비물** 냄비, 시럽 보관 용기, 물 250ml, 설탕 200g
티백 3개 또는 찻잎 9g, 다시백(찻잎 넣는 용도)
(물과 설탕은 1:1 비율이지만 물이 끓어 증발할
분량을 고려해 조금 더 준비해 주세요.)

**소요 시간** 20분 내외

▶ 다시백에 잎차 9g을 넣어 준비합니
다. 홍차의 양은 취향에 따라 가감해도
좋아요.

▶ 냄비에 물 250ml를 넣고 끓이기 시
작해요. 여기에 찻잎 9g이나 티백 3개
를 넣어요.

▶ 물이 어느 정도 끓으면 티백 또는 찻
잎은 건져냅니다.

▶끓고 있는 물에 설탕 200g을 넣고 중간불에 끓여요. 이때 수저로 많이 저으면 설탕의 결정이 생기니 가능한 젓지 마세요. (설탕을 넣을 때 생기는 거품은 수저로 건져 주세요.)

▶설탕이 90%정도 녹은 것 같으면 그때부터 약한 불에서 5분 정도 졸이기 시작해요.

▶상온에서 식힌 시럽을 용기에 담고, 달콤한 홍차 한잔 만들어 보세요.

달콤한 무언가를 마셔달라 저의 미각들이 강력히 요구하면 홍차 시럽을 넣어 마신답니다. 향이 진한 홍차로 시럽을 만들면 진한 향이 일품인데, 저는 주로 베르가못 향 물씬 풍기는 얼 그레이로 만들어요.

완성!!

syrup

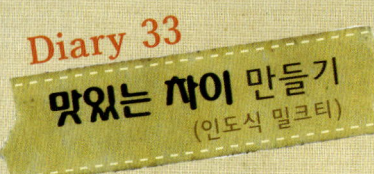

# Diary 33
## 맛있는 차이 만들기
### (인도식 밀크티)

### Milk tea

## 준비하세요!

밀크팬, 물 250ml, 우유 200ml,
티백 2~3개나 잎차 6~9g, 설탕,
향신료(계피, 카다멈, 월계수, 시나몬 등)

▶밀크팬에 물 250ml와 원하는 만큼 향신료를 넣고 중불에서 끓이기 시작합니다.

▶물이 끓기 시작하면 준비한 잎차나 티백과 우유를 같이 넣습니다. 이때 설탕도 약간 넣으면 맛이 더 좋아집니다. 설탕이 우유 비린내를 감소시키고 고소한 맛을 증가시킨다고 해요. 단것이 정말 싫으신 분들은 소금을 조금 넣으셔도 되구요.

▶내용물이 끓기 시작하면 바로 불을 끄는 것이 좋아요. 보글보글 기포가 조금 솟아 오를 때 끄세요. 그래야 표면에 유막이 생기지 않는답니다.

▶완성된 마살라 차이를 스트레이너로 걸러내어 용거에 담으면 끝!

인도어로 차이 Chai 는 차, 마살라 Masala 는 향
신료를 의미한답니다. 기본 밀크티는 우유에 찻
잎 넣고 끓이는 것인데, 저는 약간은 스파이시한
향신료가 들어간 마살라 차이를 더욱 좋아한답
니다. 쌀쌀한 바람이 불기 시작할 때 시나몬, 정
향, 월계수 잎 등이 들어간 마살라 차이 한잔이
면 몸에 열이 나서 따뜻한 겨울을 보내실 수 있
을 거예요. 다이어트 때문에 저지방 우유를 드시
는 분들이 계신데, 밀크티는 저지방 우유로 만들면 고소한 맛이 덜해요.

향신료는 백화점, 마트, 인터넷, 이태원 등에서 쉽게 구입하실 수
있어요. 특히 이태원의 포린 푸드 마트 Foreign Food Mart (6호선 이태원역 3
번 출구, 02)793-0082)는 다양한 향신료를 구비하고 있어서 구경하는
것만으로도 재미있답니다.

## Diary 34
## 시음기 노트를 쓰자

만화 홍차 왕자를 읽을 때면 마리아쥬 프레르의 쁠랭 룬 한잔이 간절하고……

라벨의 볼레로를 들을 때는 마리아쥬 프레르의 볼레로 한잔이 그립고……

미드 프렌즈를 볼 때는 포숑의 베이비 샤워가 마시고 싶고….

벤쿠버 사진들을 볼 때면 실버팟의 메이플 티가……

특정 책을 읽으며, 영화를 보며, 음악을 들으며 마셨던 차들은 그 책과 영화와 음악에 차의 맛이 녹아 들어가 있답니다. 접하는 홍차의 종류가 하나, 둘 늘어나면서 다양한 차를 맛 보게 되는데, 한번 마시고 스쳐 지나가는 인연을 만들지 마시고 '맛의 언어화'를 시도해 보세요. 시간이 지남에 따라 시음기 노트의 두께도 두꺼워지면서 차에 대한 애정도 그만큼 깊어질 거에요.

환상의 포인트:
너무너무 맛있을 때
붙이는 스티커예요.

로네펠트의
홍차 시음기 노트

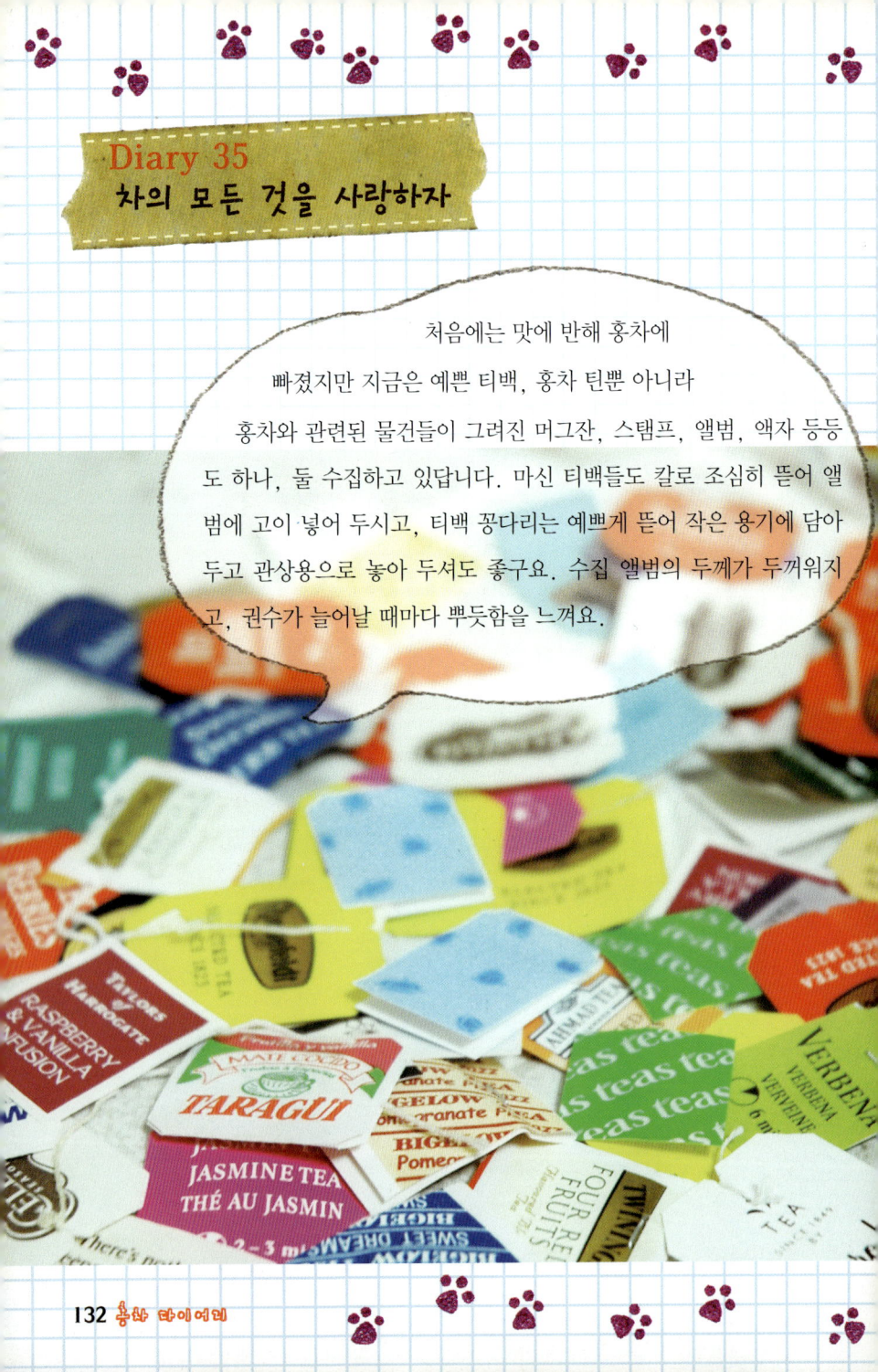

## 차의 모든 것을 사랑하자

처음에는 맛에 반해 홍차에 빠졌지만 지금은 예쁜 티백, 홍차 틴뿐 아니라 홍차와 관련된 물건들이 그려진 머그잔, 스탬프, 앨범, 액자 등등도 하나, 둘 수집하고 있답니다. 마신 티백들도 칼로 조심히 뜯어 앨범에 고이 넣어 두시고, 티백 꽁다리는 예쁘게 뜯어 작은 용기에 담아 두고 관상용으로 놓아 두셔도 좋구요. 수집 앨범의 두께가 두꺼워지고, 권수가 늘어날 때마다 뿌듯함을 느껴요.

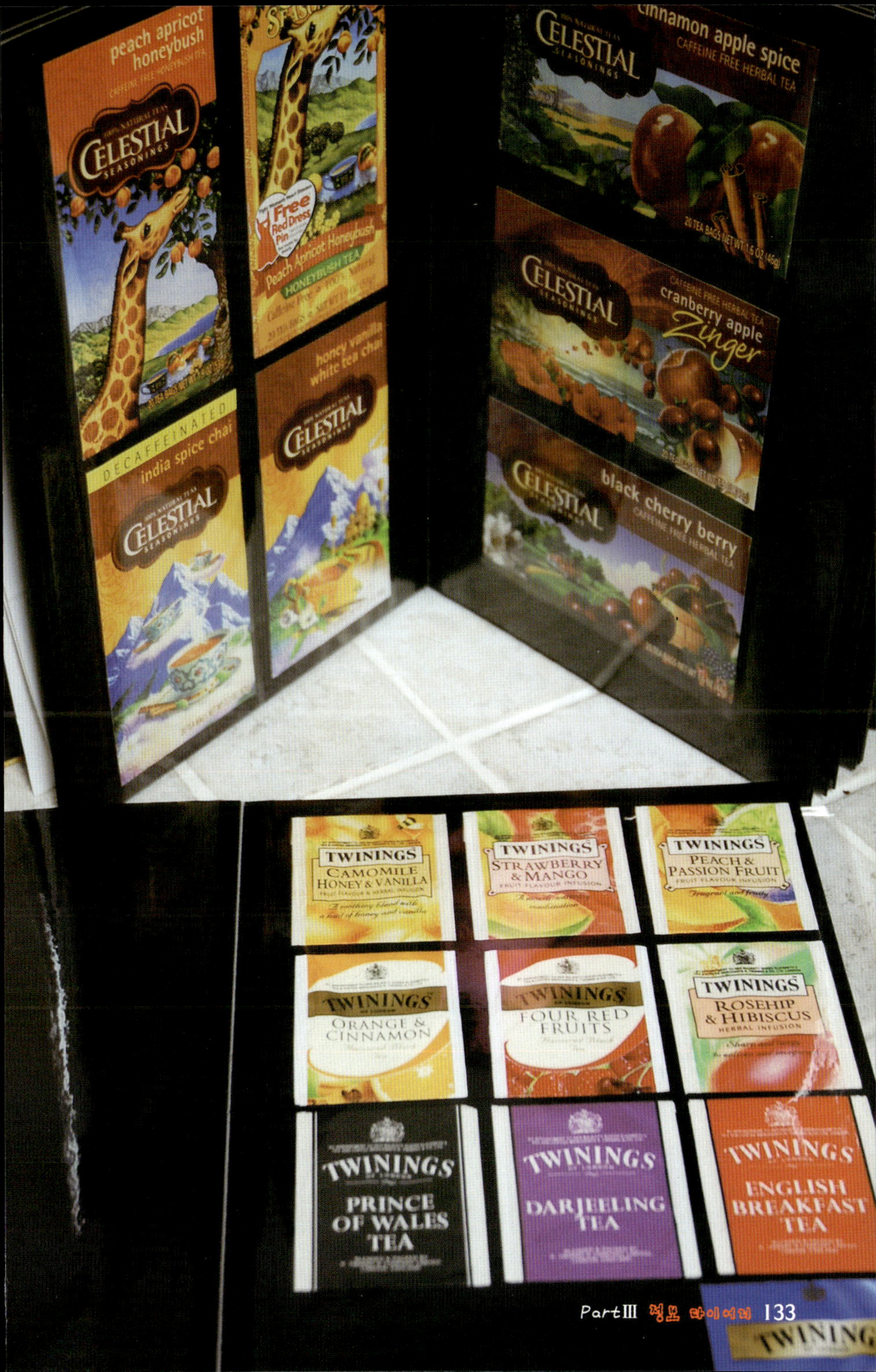
peach apricot honeybush
CELESTIAL SEASONINGS
Free Red Dress Pin
Peach Apricot Honeybush
HONEYBUSH TEA
DECAFFEINATED
india spice chai
CELESTIAL SEASONINGS
honey vanilla white tea chai
CELESTIAL SEASONINGS
cinnamon apple spice
CAFFEINE FREE HERBAL TEA
CELESTIAL SEASONINGS
CAFFEINE FREE HERBAL TEA
cranberry apple
Zinger
CELESTIAL SEASONINGS
black cherry berry
CAFFEINE FREE HERBAL TEA
TWININGS
CAMOMILE HONEY & VANILLA
TWININGS
STRAWBERRY & MANGO
TWININGS
PEACH & PASSION FRUIT
TWININGS
ORANGE & CINNAMON
TWININGS
FOUR RED FRUITS
TWININGS
ROSEHIP & HIBISCUS
HERBAL INFUSION
TWININGS
PRINCE OF WALES TEA
TWININGS
DARJEELING TEA
TWININGS
ENGLISH BREAKFAST TEA

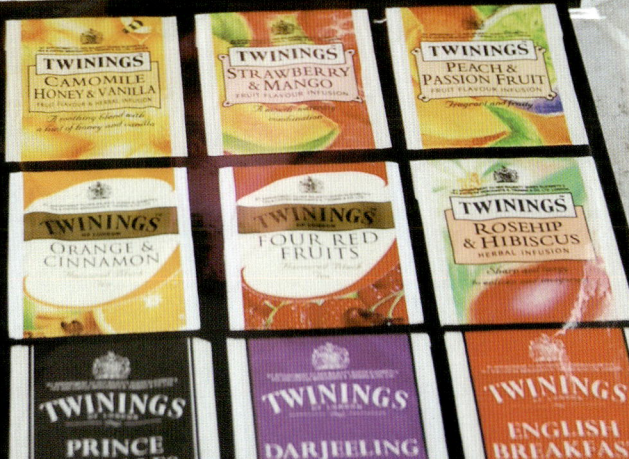

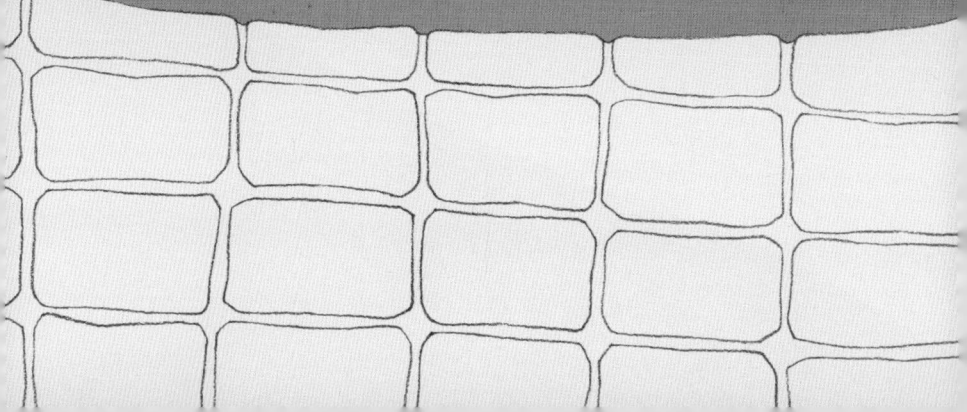

Part Ⅳ

# 료구 다이어리

Black Tea Diary

　흰 바탕에 은은한 광택, 상상의 동물인 청록색 그리핀 문양이 돋보이는 웨지우드의 플로렌틴 터쿼즈 티포트와 찻잔이 살포시 놓여 있는 티 테이블을 보고 있자니 한 영화가 떠오릅니다. 바로 장난꾸러기 피터 래빗을 그린 비어트릭스 포터를 다룬 영화 [미스 포터]입니다. 영화를 보는 내내 귀여운 동물 그림들에 한 번 감탄하고 티타임 장면에서 빈번히 등장하는 티 웨어 tea ware 를 보면서 또 한 번 감탄했답니다.

　이렇게 홍차에 빠진 후부터는 영화나 책을 보더라도 홍차나 티 웨어에 먼저 눈이 가게 되었답니다. 다양한 홍차 도구들에 질려서 '차라리 안 마시고 말지.'라고 생각하시는 분들도 계시지만, 기본적으로 티포트와 찻잔만 있어도 홍차를 마실 수는 있답니다. 그 외에 다른 도구들은 있으면 더 맛있고 편하게 차를 즐길 수 있는 보조역할이지요. '홍차를 마시기 위해서 이 모든 것들이 다 있어야 해?'라고 뒷걸음치지 마시고 '이런 도구들도 있구나.'라고 편하게 생각하시고 여건이 되실 때마다 하나, 둘 구입하시면 될 것 같아요. 단, 수집중독에는 빠지면 안 되겠죠.

# Diary 36
## 티포트 tea pot

    찻잔에 바로 차를 우려도 되지만 티포트에 차를 우리면 찻잎이 춤추는 점핑현상이 활발하게 일어나므로 보다 깊은 맛을 즐길 수 있기 때문에 기본적으로 하나쯤은 가지고 있어야 하는 아이템입니다.

    티포트의 재질도 내구성이 우수한 본 차이나, 내열유리 등 여러 가지가 있습니다. 저는 찻물이 쉽게 배는 도자기보다는 보온성은 조금 떨어지지만 수색이 외부에서 보이고 깔끔해 보이는 유리로 된 티포트를 선호합니다. 대류가 원활하도록 티포트는 둥근 모양일수록 좋고, 주둥이로 찻물이 넘치는 것을 방지하기 위해서 뚜껑에 공기구멍이 있는 것이 좋아요.

# Diary 37

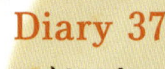 **찻잔/소서** tea cup and saucer

　　차의 풍미를 충분히 느낄 수 있도록 찻잔은 커피 잔과는 달리 넓은 폭과 낮은 높이가 특징입니다. 또한 찻잔 내부의 무늬가 지나치게 화려하면 수색을 감상하기 힘들기 때문에 연한 색이나 잔잔한 문양을 선호합니다. 보통 차를 마실 때 차의 맛을 좋게 하기 위해 찻잔을 예열하는데 이때 찻잔 받침인 소서를 찻잔 위에 덮어 놓는 것도 한 방법이죠.

　　여성분들이 좋아하시는 찻잔 브랜드는 웨지우드, 로얄 알버트, 로젠탈, 빌레로이 앤 보흐, 노리다케, 얘쉬버, 하리오 등입니다.

일본 브랜드인 노리다케의 큐티 로즈는 잔잔한 연분홍 장미가 아름다운 찻잔이에요. 이 외에도 그린플라워, 젠플라워, 블루 소렌티노 등 예쁜 찻잔이 많은 노리다케.

(남대문 수입 지하 상가가 가장 저렴)

마메종의 애쉬비(Ashbys) 찻잔은 얇은 유리의 물결치는 무늬가 예쁜 찻잔입니다. 전자레인지 사용도 가능합니다.

구입처: 앨리스 키친 www.alicekitchen.co.kr

일본 제품인 '하리오'의 레이스 찻잔도 애쉬비와 마찬가지로 투명한 유리잔에 영롱한 수색을 볼 수 있어 인기 상품입니다. 특히나 찻잔 둘레의 레이스 문양이 사랑스럽죠.

구입처: 앨리스 키친 www.alicekitchen.co.kr

프쉬케는 홍차보다는 다기류가 더 유명한 웨지우드의 대표적인 찻잔입니다.

그립감도 좋고, 빠져들 것만 같은 청록색이 자꾸 손이 가게 하는 프쉬케. 티타임을 조금 더 행복하게 만드는 마력이 깃든 찻잔인 것 같아요.

## Diary 38
🍵 **티 포 원** tea for one

티포트와 찻잔을 합체한 작고, 예쁘고 실용적이기까지 한 이지적인 티포원. 아랫부분을 분리해 찻잔으로 사용하여 공간을 덜 차지하여 보관이 쉽고 장식효과도 좋아 수집하시는 분들도 많답니다.

티포원 제품으로는 제임스 새들러를 가장 좋아하는데, 1882년 설립된 제임스 새들러는 영국의 풍경, 인물, 역사 등을 모티브로 영국적인 티 웨어를 생산하는 회사랍니다. 백화점보다는 남대문 수입 지하 상가에서 구입하시는 것이 저렴합니다.

# Diary 39

### ● 티워머 tea warmer

'찻잎, 물의 양 그리고 오도가 소량만 변화 되어도 맛이 확연히 달라지는
민감하고 섬세한 그녀. 그녀의 이름은 홍차로다.'

차를 장시간 따뜻하게 마시기 위한 도구들이 여러 가지 있죠. 티코
지, 티코스터, 티매트 그리고 티워머랍니다. 도자기, 유리 등으로 만들
어지며 차를 마시는 동안 티 캔들을 넣은 티워머 윗면에 티포트를 올려
두고 약한 열을 계속 가해주면 장시간 차를 즐길 수 있답니다.

# Diary 40

## 티매트 tea mat

　겨울에 발 시려움을 방지하기 위해 책상 밑에 두꺼운 매트를 깔아두곤 하잖아요. 티포트와 찻잔 밑에도 보온을 위해 볼륨감 있는 천으로 만들어진 티매트를 깔곤 한답니다.

# Diary 41

## 티 코 스 터 tea coaster

" Have you ever heard of coaster?"

영화 저스트 라이크 헤븐에서 영혼이 된지 모르는 엘리자베스(리즈 위더스푼)가 자기 집에 무단침입 한 남자주인공 데이비드(마크 러팔로)와 처음 대면하는 장면 기억하시나요? 자신의 커피 테이블에 컵 받침대를 쓰지 않고 자국을 남긴 데이비드를 보자 엘리자베스가 이것도 모르냐며 핀잔을 주던 것이 바로 코스터랍니다.

티 코스터는 머그잔이나 찻잔의 받침대로 사용하기도 하며, 두툼하게 만들어진 것들은 티코지와 같은 목적으로 조금이나마 찻물의 온도를 유지하고자 찻잔을 받치는 용도로 사용됩니다.

홍차를 좋아하시는 분들 중 손재주가 좋은 분들은 티코지, 티매트, 티코스터 등을 직접 만드지잖아요. 이 중에서 대체로 쉽게 만들 수 있는 티코스터, 여러분도 직접 만들어 보세요. 차 마시는 시간이 조금 더 즐거워진답니다.

저에게 바느질의 세계는 어찌나 어렵던지요. 그래서 찾아간 곳이 **네모의 꿈** 이랍니다. 홍대 2번 출구로 나와 골목 안에서 6번 마을 버스 타고 6번째 효성약국에 내리면 찻길 건너편에 보여요. 마을 버스로 갈아 타야 한다는 불편함에도 두분 선생님들의 재미있고 자상한 가르침으로 매주 찾아가서 배웠답니다. 그래서 가장 먼저 만들어 본 것이 찻잔 밑에 받치는 티 코스터였습니다. 가장 기본적인 방법이니 손재주 좋으신 분들은 여기서 다양한 변형을 해보셔도 좋은 것 같아요.

**티 코 스 터 만들기**

**m a k i n g**

**준비하세요!** ✂

바탕원단(30cm X 15cm),
배색원단(15cm X 15cm),
가위, 실, 바늘, 레이스, 십자수 실

① ▶바탕원단의 크기는 11cm x 11cm로 시

접 0.7cm를 남기고 재단해두세요.

② ▶삼각형 모양의 배색원단은 11cm x11cm

로 시접 0.7cm 를 남기고 재단해두세요.

③ ▶재단된 두 원단을 바깥쪽이 마주보도록

하여 연결되는 부분을 홈질하세요.

④ ▶시접을 가름솔로 정리하고 바깥부분에 연

결된 선을 따라 레이스를 홈질로 고정시켜

요. 장식된 원단을 바탕원단과 서로 바깥

부분끼리 만나게 하여 바탕원단을 재단해요.

⑤ ▶창구멍을 남기고 돌아가며 홈질하여 뒤집

고 창구멍은 공그르기로 마무리해요.

⑥ ▶스티치나 스탬프 등 원하는 장식으로 꾸며

주면 완성!!

## Diary 42

🔴 **티코지** tea cozy

보온 효과를 위해 티포트 위에
모자처럼 씌우는 천을 티코지라고
합니다. 마리아쥬 프레르에서 나오
는 제품처럼 스테인리스 티코지가
티포트에 부착되어 있는 형태도 있
는데 보온 효과는 크지만 가격은 저
렴하지 않아요.

# Diary 43

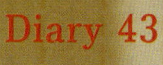 티타월 tea towel

' 한 방울의 미학 '

티포트에서 찻잔으로 찻물을 붓고 나면 항상 티포트의 주둥이에서 한 방울이 흘러 티매트에 떨어지곤 합니다. 차를 마실 때는 자그마한 수건을 준비해보세요.

홍차 문화가 한창 꽃피던 18세기 무렵 영국 상류층에서는 티타월에 가문의 문장을 새겨 넣었다고 해요.

## Diary 44

🍵 **타이머/모래시계** timer

　　홍차를 우릴 때 중요한 요소 중의 하나가 시간입니다. 시간을 측정할 때 타이머나 모래시계를 사용할 수 있겠죠. 저도 처음에는 운치 있게 보여서 모래시계를 사용했다가 홍차 우리는 것조차 망각하는 사태가 발생하여 요즘에는 타이머를 사용합니다. 알람소리가 큰 타이머를 구입하시는 것이 좋아요.

# Diary 45

🍵 **티메져 스푼** tea measure spoon

    금색, 은색의 조개, 나뭇잎, 독수리 등의 화려한 모양 때문에 티메져 스푼을 수집하는 분들이 많아요. 홍차와 깊이 있는 교류를 하지 않았던 때는 무조건 많이 넣고 오래 우리는 것이 좋은 줄 알았었죠. 그러나 잎의 양에 따라 맛이 달라지기 때문에 잎의 양을 잴 수 있는 티메져 스푼은 있어야 좋답니다. 보통 1인분의 차를 마실 때 300ml에 2-3g을 드시는데 기호에 따라 물과 찻잎의 양은 천차만별이기 때문에 본인의 입에 맞는 양을 찾는 작업을 먼저 하셔야 할 거에요. 티메져 스푼은 보통 스푼형과 삽형이 있고 떠지는 양은 보통 3g인데 제품마다 조금씩 양이 달라서 저울로 3g을 일일이 재시는 분들도 계신답니다.

# Diary 46

### 🍵 스트레이너 strainer

스트레이너가 촘촘해야 찻잎이 찻물에 빠져 다시 건져 내야 하는 불상사가 생기지 않는답니다. 그래서 구멍이 작고 촘촘한 이중 스트레이너가 좋답니다. (루피시아 이중 스트레이너 추천)

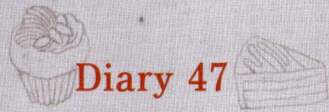

# Diary 47

## 인퓨저 infuser

인퓨저(infuser)는 티볼이라고도 불리는 금속형 티백입니다. 찻잎을 넣은 인퓨저를 티포트나 찻잔에 넣어 우릴 수 있는데, 단점은 인퓨저 내의 좁은 공간 안에서 찻잎의 원활한 점핑현상은 불가능하므로 잎을 충분히 우려내기 어렵다는 것입니다. 그래서 인퓨저에 우리실 때에는 공간이 남도록 찻잎을 반 정도만 넣으세요.

일회용 은박 인퓨저도 있답니다. [Lovello High Tea]에서 세계 최초로 일회용 알루미늄 인퓨저를 개발했는데 일반시장에 공개된 것은 얼마 전이에요. 450여개의 구멍이 뚫려있는 인체에 무해한 순수 은박 소재의 인퓨저. 그러나 가격은 고가입니다. 참고로 로벨로 하이티 홍차들은 최고의 실론 베이스로 홍차를 만드는 브랜드로 얼그레이, 실론 클래식, 후르츠 메들리 등 다양한 홍차를 구비하고 있습니다.

# Diary 48

### 🍵 티백 스퀴저 teabag squeezer

티백 스퀴저는 티백에서 마지막 한 방울인
골든 드롭을 얻기 위해 이용하는 도구로 보통 티
백을 건져낼 때 사용합니다. 심하게 짜게 되면
맛이 써지거나 티백이 찢어지므로 가능한 살짝
눌러 주는 정도로 들어 올리는 게 좋답니다.

# Diary 49

 티백 트레이 teabag tray

우리고 난 후에 건져낸 티백을 올려놓는 도구가
티백 트레이잖아요. 굳이 티백 트레이가 아니더라도
작은 접시에라도 놓아야지 아무 곳이나 티백을 던져
놓으면 얼룩이 생긴답니다.

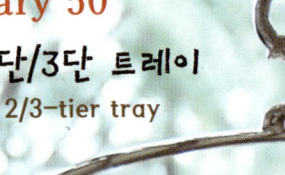

# Diary 50

## 2단/3단 트레이
### 2/3-tier tray

　단맛에 혀가 둔감해져서 차의 예민한 맛들을 잡아내지 못하실까봐 차와 함께 먹는 티푸드를 꺼려하시는 분들도 계시지만, 차와 함께 단 티푸드들을 즐겨하시는 분들도 많으시잖아요. 이런 티푸드를 올려 놓는 도구를 2단/3단 트레이라고 부른답니다. 2단/3단 트레이는 하단에서 상단으로 갈수록 단 티푸드를 올리기 때문에, 하단부터 상단으로 티푸드를 먹는 것이 정석이랍니다.

# Diary 51
## 웨건 wagon

　　1780년대 조난 당해 러시아에서 체류 중이던 한 일본인이 1791년 11월 1일 러시아 여제 에카테리나 2세가 주최한 다과회에 초대된 날을 기념해서 만들어진 날이 '홍차의 날'이에요. 일본 홍차 협회가 1983년부터 매년 11월 1일을 홍차의 날로 정해 다양한 이벤트도 연다고 합니다. 한국보다는 홍차가 단단하게 기호음료로 자리 잡은 일본은 자체 홍차 브랜드, 홍차 관련 상품들도 많고, 특히 삼삼오오 모여 티타임을 자주 가진다고 해요. 여러 명이 모여 차를 마실 때 있으면 편한 것이 바로 웨건입니다. 서너 명의 친구들과 영화를 보면서 티타임을 가지려고 할 때 여러 개의 티포트, 찻잔, 티푸드를 한꺼번에 얹을 수 있는 2단 트레이 등을 일일이 거실로 가지고 가려면 번거롭잖아요. 웨건에 티타임 관련 용품들을 한데 모아 거실로 옮기면 보다 편하고 즐거운 티타임을 즐길 수 있겠죠.

# Diary 52
### 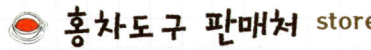 홍차도구 판매처 store

## 🐾 남대문 오프라인 매장

홍차나 홍차 도구들을 구입할 수 있는 오프라인 매장에서 가장 저렴한 곳은 남대문 수입상가인 것 같아요. 시중보다 저렴한 홍차와 찻잔들을 구입할 때면 집에 오는 발걸음이 너무나 가볍죠.

① 4호선 회현역 5번 출구로 나와서 오른쪽으로 걸어가세요.
② 관광 안내소가 나오면 조금 더 직진해서 걸어가세요.
③ 조금 더 내려가면 오른쪽에 그릇, 이불, 도매상가가 보이는데 그 다음건물이 E동 상가에요.
④ E동 지하로 내려가면 도깨비 수입 상가가 나오는데 직원분께 그릇 파는 통로를 물어보세요. 아래는 대표적인 몇 곳만 나열했습니다.

●● **대광사** E동 지하 가 14호, 02)774-9964
사장님께서 일본공방을 자주 오고가시며 특이한 물건을 가져오셔서
식당이나 호텔, 카페 등에도 납품한다고 하십니다.

●● **우신상사** E동 지하 162호, 02)319-5770
아마드, 해로게이트, 위타드 등 여러가지 홍차와 커피웨어 판매합니다.
앙증맞은 인퓨저와 다양한 제임스 새들러 티포원 강추해요.

●● **노리다케 총판** E동 지하 127호, 02)753-2547
일본 인기 브랜드인 노리다케와 영국 브랜드인 Hudson@ Middleton판매.
노리다케 큐티 로즈 찻잔과 소서, 허드슨 미들튼 머그 추천해요.

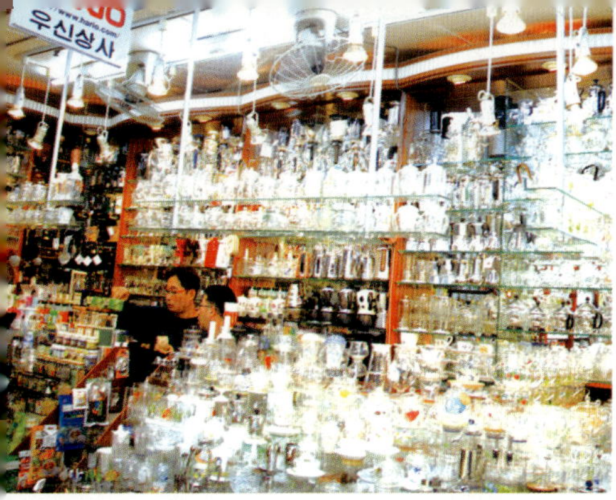
우신상사

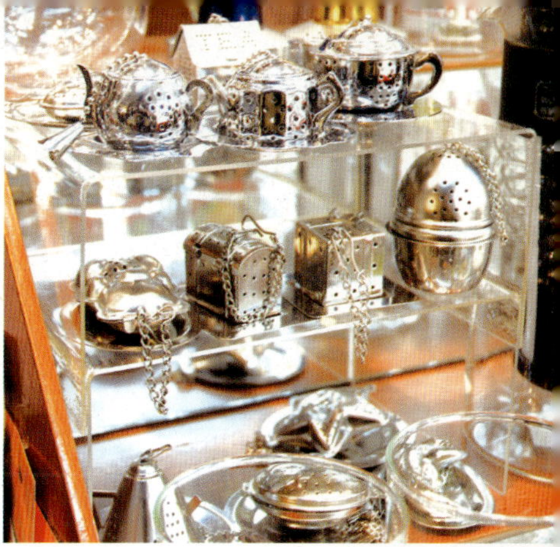

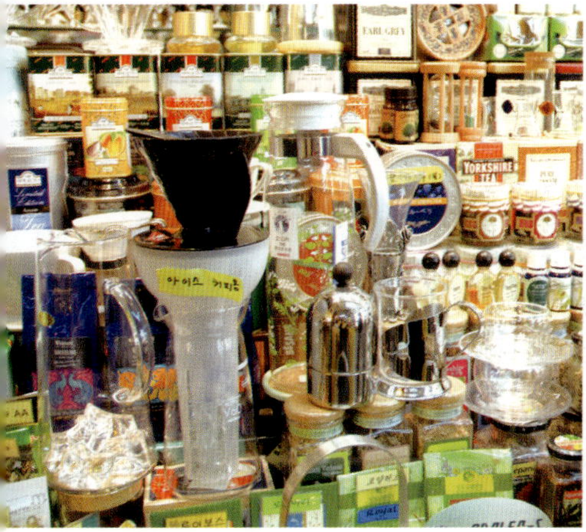
EARL GREY
YORKSHIRE TEA

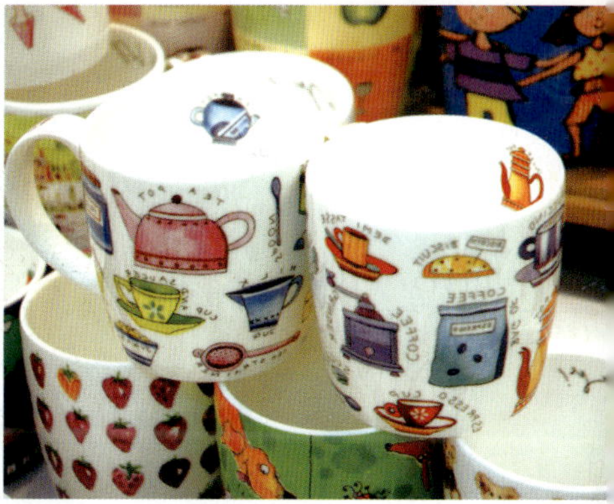
COFFEE

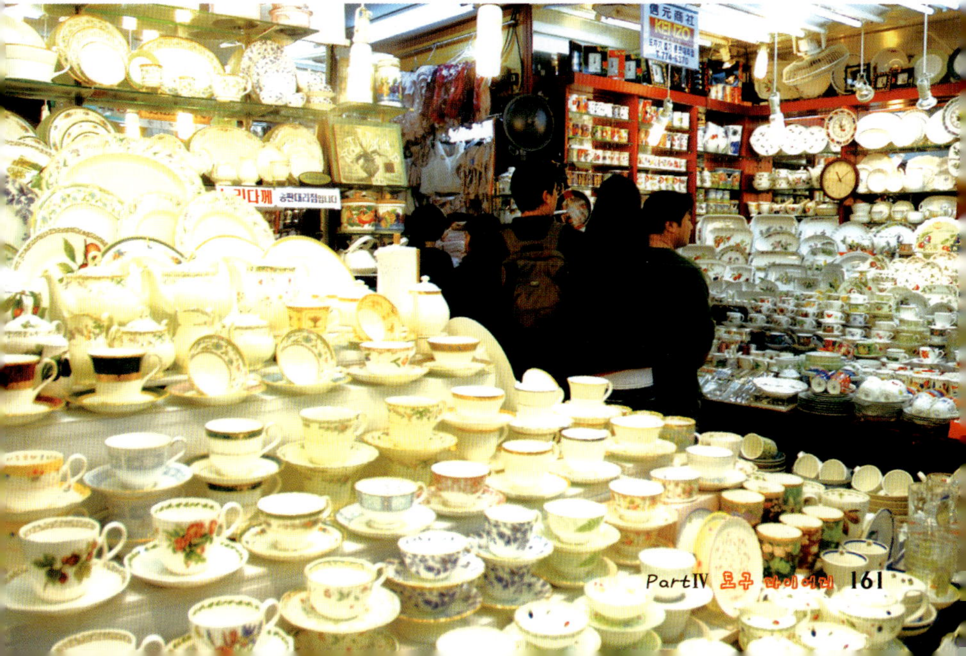
KENZO

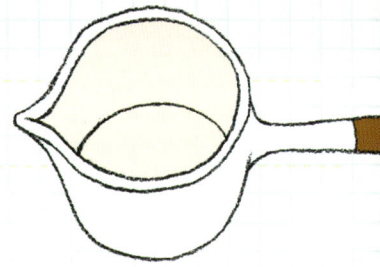

## 🐾 앨리스 키친 오라인 매장

인터넷 쇼핑이 보편화된 요즘. 넘치는 귀차니즘으로 오프라인 매장에 가기 귀찮은 분들을 위해서 좋은 사이트를 알려 드릴까 합니다. 홍차나 다기류를 판매하는 온라인 사이트들 중에서 제가 가장 좋아하는 곳은 바로 [앨리스 키친]이랍니다.

홍차를 좋아하시는 사장님께서 직접 올리시는 [앨리스의 홍차&커피 이야기]는 초보자들에게 유용한 정보들이 가득해서 홍차를 구입하시는 분들에게 많은 도움이 될 것 같아요. 홍차를 맛있게 우리는 방법, 밀크티 만드는 방법 그리고 맛있는 아이스티 만드는 방법까지 초보자들도 쉽게 따라할 수 있는 재미있는 컨텐츠들을 만날 수 있답니다. 니나스, 아마드, 헤로게이트, 위타드, 웨지우드, 트와이닝 등 다양한 홍차들도 구비하고 있고, 일본에서 직접 수입하는 다기류도 구입하실 수도 있어요. [도구 다이어리]에서 소개된 홍차 도구들의 대부분을 갖추어 놓은 곳이에요. 머그잔, 밀크팬, 하리오 물병, 텀블러, 티백 트레이, 타이머 등등 예쁘고 앙증맞은 물건들을 볼 때마다 정말 행복해 진답니다. 주문하면 샘플도 많이 챙겨 주시는 정 많은 사장님이 운영하시는 앨리스 키친. 지금 한번 방문해 보세요.

www.alicekitchen.co.kr

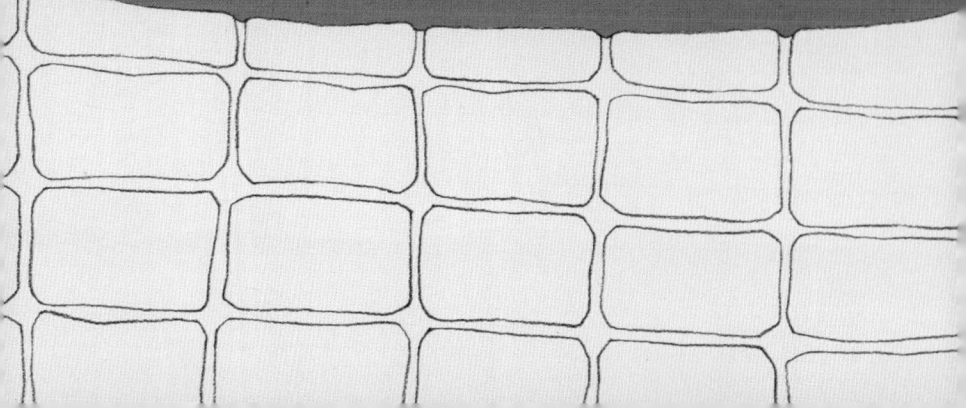

Part V

# 홍류 다이어리
Black Tea Diary

## '런던에 질린 사람은 인생에 질린 사람이다'
### - 사무엘 존슨 -

영국의 대문호인 사무엘 존슨이 남긴 말이지만 홍차 애호가들에게도 런던은 질리지 않는 도시이자 꿈의 도시랍니다. 홍차 애호가들이 동경해 마지않는 홍차들의 대부분을 런던에서는 쉽사리 볼 수 있으니까요. 런던의 나이츠 브리지에 위풍당당하게 서 있는 해로즈, 피카딜리 서커스 역 주변의 200년이 넘는 역사를 자랑하는 포트넘 & 메이슨, 런던에 많은 지점을 가지고 있는 위타드, 얼 그레이로 유명한 트와이닝 등 우리들의 지갑을 열게 하는 곳들이 너무나 많은 곳이죠.

비단 영국만이 아니라 많은 나라들이 자국의 홍차 브랜드들을 가지고 있어서 홍차를 마시면서 그들만의 특징 있는 향기와 맛에 취해 볼 수 있답니다. 문제는 너무나 많은 홍차 브랜드 중에 어떤 브랜드를 골라야 하며 어떤 차를 마셔야 할지 막막하다는 것이죠. 지면 관계상 28가지의 홍차 브랜드들을 소개하고 각 브랜드에서 많은 분들에게 검증받은 맛있는 차들을 소개해 드리고자 합니다. (브랜드 순서는 가나다 순)

수많은 홍차 종류에 놀라 구입할 엄두가 나지 않았던 분들에게 조금이나마 이정표가 되면 좋겠습니다.

## Diary 53

그린필드 *Greenfield*

### 관련사이트

www.greenfield.co.uk

www.greenfieldtea.co.kr (구매처)

### 브랜드 스토리

2006년 차 박람회에서도 우승한 실력파 브랜드인 그린필드는 질 좋은 차들을 조금 더 세계화시키기 위해 영국에 본사를 둔 러시아 회사입니다. 그린필드가 한국에서 정식 판매가 시작된 것은 2009년 8월이지만 러시아에서는 사람의 발길이 잘 닿지 않는 자그마한 상점에까지 입점된, 러시아 홍차시장의 70% 이상이나 점유하고 있는 거대한 브랜드. 그린필드 계열이지만 조금 더 젊은 층을 겨냥한 테스(Tess)도 20종류 이상의 다양한 종류를 구비하고 있습니다.

# 로네펠트's 추천

 캐모마일 메도우(Camomile Meadow)

비릿한 풀냄새가 싫어서 호불호가 확연히 나뉘는 차가 캐모마일이 아닐까 해요. 저도 캐모마일에는 선뜻 손이 가지 않았는데, 그린필드의 캐모마일 메도우는 향긋한 사과향과 리치향이 일품이라 캐모마일 싫어하시는 분들에게도 적극 추천합니다.

 섬머 부케(Summer Bouquet)

이름에서도 묻어나듯 여름에 냉침으로 맛있는 차가 섬머 부케인 것 같아요. 여름차에 빠지지 않고 블랜딩되는 히비스커스와 로즈힙의 시큼한 베이스 위를 잘 익은 라즈베리향이 차고 올라오는 맛있는 차로, 무 카페인이라 밤에 마셔도 좋답니다.

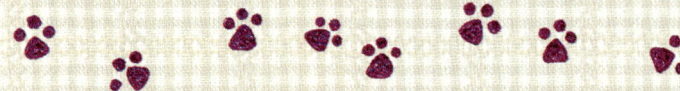

### 🍃 페스티브 그레이프(Festive Grape)

섬머 부케와 블렌딩이 거의 같지만 라즈베리향 대신에 천연포도향이 첨가되어 개봉과 동시에 코를 찌를 듯한 포도향을 느끼실 수 있습니다. 히비스커스는 성격이 강한 허브라 어디서나 제 몫을 200% 하고 있는데, 역시나 페스티브 그레이프에서도 히비스커스의 시큼한 맛이 가장 강하게 다가옵니다. 그러나 혀 끝에 은은히 남는 포도의 달콤함이 그린필드에서 인기상품 중의 하나로 자리매김하고 있는 이유인 것 같아요.

### 🍃 크리미 루이보스(Creamy Rooibos)

남아프리카에서만 자생하는 루이보스는 피부미용, 노화방지에 탁월해서 웰빙차로 각광받고 있는데, 그린필드에서도 크리미 루이보스는 인기상품 중의 하나입니다. 은은한 나무향이 일품인 루이보스에, 은은하게 다가오는 바닐라와 오렌지향이 한층 더 고급스럽게 만드는 것 같은 건강차.

### 🍃 매직 운남(Magic Yunnan)

매직 운남은 아직 한국에 정식 수입된 차는 아닙니다. 잎차가 아닌 티백으로 단일 산지의 클래식 차를 만나기 힘든데, 그린필드는 클래식차도 다양하게 티백으로 즐길 수 있습니다. 그린필드의 클래식 라인에서 가장 추천하는 차는 중국 운남성에서 수확한 매직 운남입니다. 스모키 향보다는 단 내음이 혀에 잔잔하게 남는 질 좋은 운남인데 스트레이트로도, 밀크티로도 맛있답니다.

## Diary 54

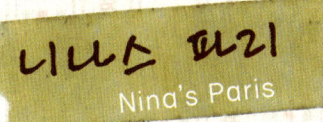

니나스 파리
Nina's Paris

### 관련사이트

www.ninas.co.kr

www.alicekitchen.co.kr (구매처)

### 브랜드 스토리

천재적이지만 기이한 삶을 사는 작가, 쥐스킨트의 '향수'라는 작품에서는 작가만큼이나 기이한 주인공 그루누이가 등장합니다. 세상 사람들이 취할 만한 향수를 만드는 그루누이 같은 역할을 하는 브랜드가 홍차계에서는 바로 Nina's Paris인 것 같아요. 니나스 파리의 향을 맡고 있으면 향수로 사용하고 싶다는 생각이 더 간절할 정도로 가향이 정말 뛰어나거든요.

마시면 사랑에 빠질 것만 같은 하나같이 사랑스런 이름들을 가진 니나스 파리의 차들. 300년이 넘는 오랜 역사를 가진 프랑스 브랜드인 니나스 파리는 700여종이 넘는 향기로운 가향차들을 선보이고 있답니다.

　최고의 향은 최고의 재료에서 만들어
진다는 원칙하에 유럽 최고의 풍미를 자랑
하는 산지의 재료만을 사용한다고 해요.
니나스 파리의 다양한 가향차들은 유럽
티 엑스포(Tea Expo)에서 해마다 Best
Flavor 상을 받는 등 전 세계적으로 인기
를 끌고 있습니다. (참고로 니나스 파리 가
향차들의 베이스는 대부분 기문.)

　게다가 니나스 파리의 티백은 종이티백
이 아니라 크리스탈 티백이라 더욱 고급스
럽답니다.

# 로네펠트's 추천

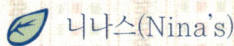 니나스(Nina's)

브랜드 명과 똑같은 이름을 가진 니나스(Nina's)를 개봉하면 다양한 향의 향연이 펼쳐집니다. 마치 알록달록한 체크무늬 옷감을 보는 것 같이 말이에요. 기문 베이스에 딸기, 복숭아, 체리, 오렌지 등의 에센셜 오일이 함유된 니나스는 밀크티가 제일 맛있게 다가오는 것 같아요. 복숭아향이 뭉실뭉실 피어 오르면서 거대한 복숭아 구름을 만들어 내고, 그 구름 위에 오렌지의 상큼함, 체리와 딸기의 달콤함까지 느껴지는 맛있는 차입니다.

쥬뗌므(Je t'aime)

한 유행가의 가사처럼 오늘은 무슨 옷을 입을지, 머리는 또 어떻게 해야 할지 고민 전혀 안 하지만 오늘은 어떤 차를 고를지, 냉침을 할지 핫티로 마실지, 우유냉침을 할지 고민한답니다. 고민, 고민하다가 눈에 뜨이는 차는 네이밍이 예쁜 차인데, 오늘은 쥬뗌므가 눈에 띠네요. 항상 들어도 질리지 않는 '사랑해'라는 의미의 쥬뗌므.

니나스 가향차들은 향은 강한데 맛은 조금 연한 편이라 정량보다는 잎을 조금 더 넣어야 맛있답니다. 기문 베이스에 캐러멜, 바닐라 가향인 네이밍 그대로 아기자기 사랑스러운 쥬뗌므는 스트레이트, 밀크티로 모두 최고!

떼 쉬르 라 륀느(The sur la Lune)

달에서 방아 찧는다는 토끼 이야기. 어릴 적 동화책에서 모두 읽으셨 겠죠. 당연히 생명체가 살 수 없는 달이지만 만약 토끼가 살았다면 한참 을 땀 흘리며 방아 찧다가 쉴 때는 니나스 파리의 떼 쉬르 라 륀느를 마셨 을 것 같아요. 불어로 '달 위에서의 차 한 잔'이라는 의미인 떼 쉬르 라 륀 느는 기문 베이스에 블루말로우 꽃잎, 블루베리, 라즈베리, 오렌지, 패 션 프루트 가향인 블렌딩만으로도 화려한 차랍니다. 그러나 마시면 향에 비해서는 차분한 느낌. 블루베리향이 강하게 다가오는데 밀크티로 만들 면 블루베리 맛의 색다른 밀크티가 된답니다.

 떼 드 방돔(The de Vendome)

유럽티 엑스포에서 2001년, 2003년 대상 수상작이 바로 니나스 파 리의 떼 드 방돔이었다고 해요. 파리의 방돔(Vendome)이라는 광장에 위치하고 있는 니나스 파리의 티샵을 기념하기 위한 차이기도 합니다. 역 시나 기문 베이스에 자몽, 블러드 오렌지, 메리골드 등 화려한 블렌딩을 자랑하는 차에요. 농익은 자몽의 달콤함과 시원한 오렌지의 느낌이 신선 하게 다가오는 차입니다.

# Diary 55

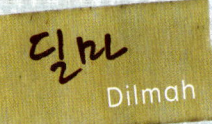

딜마
Dilmah

## 관련사이트

www.dilmahtea.com

www.dilmahshop.co.kr (구매처)

## 브랜드 스토리

스리랑카 출신인 메릴 J 페르난도(1930년생)가 1980년대 설립한 회사가 딜마(Dilmah)입니다. 그의 두 아들(Dilhan, Malik)도 가업을 잇고 있다고 합니다. 사업을 더 확장할 수도 있지만 사업이 확장되면 딜마의 모토인 '홍차의 질, 소비자에 대한 헌신과 열정'이 변질될까봐 기업을 소규모로 운영하고 있는 기업.

질 좋은 실론티를 만드는 딜마는 그룹차원에서 자선재단을 설립하여 의료 지원, 학교 건설 등 스리랑카의 지역 부흥에 힘쓰고 있어서 더욱 믿음이 가는 기업이에요. 한국에서 비교적 쉽게 구입할 수 있는 브랜드 중의 하나이기도 합니다.

🍃 캐러멜(Caramel)

　　딜마의 캐러멜을 마시면, 좌우 몸의 균형을 잘 이루고 있어 외줄에서도 편안하게 앉아 있는 광대가 생각납니다. 과한 인공적인 맛도 아닌, 캐러멜 느낌만 살짝 지나가는 맹숭한 캐러멜도 아닌 중도의 맛을 지키고 있어서 편안한 분위기의 달콤한 차. 스트레이트로도 맛있지만 밀크티로 추천합니다.

 야타 와테
(Yata Watte Tea)

해발 1,000fit 이하 다원을 의미하며 와인 까보네쇼비뇽에 비교되는 맛. 고도가 낮을수록 수렴성이 조금 강해지며 무언가 땅에 더 가까운 맛이 나는 느낌이에요.

## 와테(Watte)

딜마가 유명해진 이유 중의 하나가 바로 와테 시리즈입니다. 해발 고도에 따라 네 가지로 분류되는 와테 시리즈는 실론의 다양한 표정을 느낄 수 있는 고급차입니다. 다소 칼칼한 실론의 느낌인 야타 와테부터 시원시원한 달콤함을 느낄 수 있는 란 와테까지 경험해 보시기 바랍니다.

 메다 와테
(Meda Watte Tea)

해발 2,000~3,000fit 다원을 의미하며 쉬라즈 와인향에 비교. 다양한 꽃향이 일품인 메다와테는 약간의 매운맛이 특징이에요.

 우다 와테(Uda Watte Tea)
해발 4,000~5,000fit 다원을 의미하며 프랑스 부르고뉴 지방에서 생산되는 고급 포도주인 피노누와 향에 비교.

 란 와테(Ran Watte Tea)
해발 6,000fit 이상 다원을 의미하며 달콤 상쾌한 샴페인 향의 홍차. 가장 높은 지대에서 생산한 만큼 가장 깨끗하고 시원한 맛입니다.

# Diary 56

## 로네펠트
### Ronnefeldt

## 관련사이트

www.ronnefeldt.com
www.ronnefeldt.co.kr (구매처)

## 브랜드 스토리

제가 가장 좋아하는 브랜드이자 완벽주의자 독일인의 장인 정신이 느껴지는 로네펠트는 1823년 독일 프랑크푸르트에서 시작되었습니다. 차 도매상이던 요한 토비아스 로네펠트는 최상의 차만을 제공하는 것을 목표로 회사를 설립하는데, 차의 맛이 좋아 차 도매상이나 왕족들로부터 끊임없는 러브콜을 받으면서 전 세계에 차를 공급하기 시작합니다. 로네펠트는 티벨럽뿐 아니라 잎차까지 수제방식으로 생산한 찻잎을 사용하며 각 공정마다 모니터링을 실시하는 등 최고의 명성을 지금까지 유지하고 있답니다. 한국뿐 아니라 외국의 유명 호텔들에서도 주로 취급하는 브랜드이기도 하지요.

로네펠트 한국 온라인 홈페이지에서는 2005년부터 티 테스터 행사를 하고 있기 때문에 신청일정 체크하여 로네펠트의 차들을 무료로 시음할 수 있는 기회를 잡아 보세요. 또한 주요 차 경작지에서의 탐험과 수확, 차 생산 공정 등을 공부하는 실버 티 마스터 과정, 현장실습을 하는 골드 티 마스터 과정의 티 마스터 과정도 개설되어 있답니다.

## 로네펠트's 추천

 아이리쉬 몰트(Irish Malt)

홍차가 어떻게 위스키 향을 구현하고 있을지 궁금하시다면 로네펠트의 아이리쉬 몰트를 경험해 보세요. 약간은 묵직하고 고소한 바디감이 느껴지는 아삼 베이스에 카카오 조각도 간간히 보이는 아이리쉬 몰트. 달콤 쌉사름한 카카오가 먼저 존재를 알려오고, 혀 끝에 과일의 풋풋하고 시원한 위스키 잔향이 조금 남는답니다. 위스키향이 느껴져서 그런지 조금은 어른스러운 달콤함이 느껴지는 로네펠트에서 가장 완소 차에요. 위스키 가향 홍차 중에서 실버팟의 위스키(Whisky)는 냉침으로 맛있지만 아이리쉬 몰트는 밀크티가 더 맛있게 다가오는 것 같아요.

 헤렌 토피(Herren Toffee)

캐러멜 가향차 중에서 가장 맛있다고 정평이 난 차는 로네펠트의 헤렌 토피인 것 같아요. 아삼의 깊고 고소한 맛 끝에 달큰한 캐러멜 향이 남아 스트레이트로도 맛있는 차지만 밀크티를 위해 태어났다는 '아삼' 베이스 차들은 밀크티로 진가를 더합니다. 귀족적인 기품이 느껴지는 캐러멜 밀크티 한잔. 겨울에 최고, 최고! 현재, 헤렌 토피는 한국에 정식 수입은 되지 않아서 해외구매를 해야 하는 아쉬운 차 중의 하나입니다.

## 🍃 정파나(Jungpana)

홍차의 가장 높은 등급인 FTGFOP는 'Finest Tippy Golden Flowery Orange Pekoe'의 준말이지만 최상의 등급인 만큼 가격도 높아 보통 사람들이 접하기에는 어렵다는 'far too good for ordinary people' 의 준말이라는 농담을 하곤 하지요. 최상급 FTGFOP 정파나 다원의 다즐링인 로네펠트의 정파나는 제가 접했던 다즐링 중에 최고의 맛을 선사하더군요. 로네펠트에는 누봉 다원에서 생산된 첫물차(First Flush) 다즐링도 있지만 두물차(Second Flush) 다즐링인 정파나를 추천합니다. 물론 각각의 개성이 뚜렷해서 기호에 따라 다르겠지만 풋풋한 첫물차보다는 세련되게 멋 부린 듯한 머스캣향이 풍기는 두물차가 더 화려하게 다가오거든요.

## 🍃 윈터 드림(Winter Dream)

로네펠트의 허브차류에서 겨울에 잘 어울리는 차는 실버 라임 블로썸이나 윈터 드림이 아닐까 해요. 특히나 윈터 드림은 은은한 나무향이 좋은 루이보스 베이스에 기분 좋은 오렌지 향과 시나몬, 정향까지 가세를 하여, 목이 칼칼한 감기 기운이 있는 추운 겨울날 한잔 마시면 좋은 건강차입니다.

## 🍃 레몬 스카이(Lemon Sky)

허브계열의 침샘을 마구 자극하는 레몬스카이는 레드 베리즈와 함께 많은 분들에게 냉침용으로 사랑받고 있는 차입니다. 레몬, 레몬 그라스, 오렌지 농축액 등 레몬이 많이 함유되어 있어서 갈증을 한 번에 날려줄 차. 여름에는 꼭 구비해 놓아야겠죠.

🌿 레드 베리즈(Red Berries)

　레드 베리즈는 남녀노소를 불문하고 꾸준히 사랑받는 로네펠트의 효
자 제품입니다. 붉은 수색이 예쁜, 시큼의 절정, 비타민의 대명사 히비스
커스와 로즈힙이 첨가된 새콤달콤한 레드 베리즈는 여름에 아이스티나 냉
침으로 그만이에요.

# Diary 57

## 루피시아
Lupicia

### ① 관련 사이트

www.lupicia.com/index.html

www.lupicia.com/english

### ② 브랜드 스토리

영화에서나 보던 고급 주택들 사이의 몽상 클레어. 이 곳에서 최고의 몽블랑을 먹고, 빌레로이 앤 보흐에서 뉴 웨이브 접시를 고르고, 거베라 쇼핑가와 카틀레야 쇼핑가를 유유자적 구경하는 여성. 동경의 지유가오카 하면 떠오르는 이미지랍니다. 베이커리부터 각종 쇼핑몰까지 없는 것 빼고는 다 있는 부유한 동네인 지유가오카는 일본 여성들이 가장 살고 싶은 동네라고 해요.

지유가오카에는 카렐뿐 아니라 1994년 시작한 루피시아 매장도 위치하고 있으니 일본 여행 가시는 분들은 꼭 들러 보세요. 루피시아의 유명한 이중 스트레이너와 핸디 쿨러도 꼭 챙기시기 바랍니다. 2009년 10월, 한국 루피시아 철수로 이제는 해외구매를 해야 하는 아쉬운 브랜드가 되었답니다.

# 로네펠트's 추천

### 사쿠람보(Sakurambo)

어떻게 보면 조금 인공적이다 싶을 정도로 대책 없이 뿜어져 나오는 체리향에 아찔한 기분을 진정시키고 핑크페퍼와 로즈마리가 들어있는 잎을 우리기 시작합니다. 체리향 풍선껌 맛! 사쿠람보는 핫티, 냉수 냉침, 사이다 냉침도 맛있지만 우유냉침을 강력 추천합니다. 우유 200ml, 잎 5g, 12시간 냉장고에 고이 모셔 둡니다. 인고의 12시간을 보내고 나면 신의 음료라고 칭할 정도의 사쿠람보의 우유 냉침을 드실 수 있을 거에요. 우유의 고소함과 부드러움에 로즈메리의 향긋함이 수줍게 느껴지고, 강한 체리향이 목 넘김을 아주 행복하게 만든답니다. 사이다 냉침도 추천해요!

### 잉글리쉬 캐러멜(English Caramel)

차를 마시다 보면 각자 입맛에 맞는 향을 찾게 되는데, 저는 초콜릿, 캐러멜이 블렌딩된 차들을 정말 좋아한답니다. 스트레이트로도 고소한 맛을 느낄 수 있지만 설탕 조금 첨가해 밀크티로 마시면 한층 깊어진 고소함과 달콤함이 더 강해집니다. 캐러멜 가향을 좋아하시는 분들이라면 딜마의 캐러멜, 로네펠트의 아이리쉬 몰트와 함께 루피시아의 잉글리쉬 캐러멜도 꼭 기억해 두세요.

쇼레 마론
(Chaud Les Marrons)

　아삼과 실론 베이스의 쇼레 마론은 말린 밤 덩어리가 실하게 들어있는 달콤한 차 중의 하나입니다. 차 이름은 프랑스의 군밤 파는 소리에서 유래했다고 해요. 향은 마론 쇼콜라와 비슷하지만 쇼레 마론이 더 달큰, 향긋하게 다가오는 것 같아요. 구수한 아삼의 깊은 맛과 실론의 청아한 맛이 조화롭게 이루어지고 있어서 스트레이트로도 맛있지만 밀크티로 최고의 맛을 선사해요. 세련된 달콤함이 가을에 너무나 잘 어울리는 차인 것 같아요.

　쿠키(Cookie)

　루피시아의 쿠키도 두터운 팬층을 확보하고 있는 맛있는 차 중의 하나입니다. 고소한 아몬드 향과 달콤한 헤이즐넛 향이 스트레이트로도, 밀크티로도 달콤한 풍미를 느끼게 해준답니다. 이가 저리도록 달콤한 과자의 이미지를 잘 구현하고 있는 차인 것 같아요.

# Diary 58

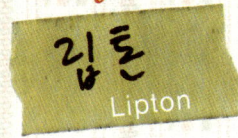
립톤
Lipton

## 관련사이트

www.lipton.com

www.lipton.co.kr

## 브랜드 스토리

인도, 실론, 미국 등지에 대규모의 차 농장을 확장하며 질 좋은 홍차를 선보이는 립톤은 립톤경(1850~1931)의 영국 글래스고의 작은 가게에서 시작됩니다. 립톤은 요트 조종사로도 유명한데 이는 립톤이라는 브랜드가 더욱 유명해지는 계기가 되었다고 해요. 홍차, 녹차, 허브차, 백차, 아이스 티 등 여러 종류가 있지만 한국에는 허브차, 옐로우 라벨 정도만 정식 수입되고 있습니다.

## ③ 로네펠트's 추천

 옐로우라벨 홍차

(Yellow Label)

립톤에서 가장 유명하고 보편화된 차는 옐로우 라벨 홍차랍니다. 가격도 저렴해서 가장 대중화된 차이기 때문에 홍차를 립톤으로 시작하시는 분들도 많으신 것 같아요. 특히나 홍차 시럽 만들 때 립톤 옐로우 라벨 홍차를 많이 사용하고 있습니다.

## Diary 59

# 마리아쥬 프레르
## Mariage Frere

### ① 관련사이트

www.mariagefreres.com

### ② 브랜드 스토리

종류는 다양하지 않지만 한국에서도 이제 오프라인에서 마리아쥬 프레르를 구입할 수 있습니다. 대부분 유명한 홍차들은 영국제지만 향수로 유명한 프랑스에서 만들어진 홍차들도 영국에 뒤지지 않을 만큼 가향차들의 맛이 뛰어납니다. 17세기부터 프랑스에서 다양한 홍차와 식료품을 취급하는 상점을 운영하던 마리아쥬 家의, 헨리 마리아쥬에 의해 홍차 전문 브랜드로 재탄생한 마리아쥬 프레르도 그 중 하나.

일본 도쿄 긴자의 마리아쥬 프레르 매장

# 로네펠트's 추천

 마르코 폴로(Marco Polo)

마리아쥬 프레르에서 가장 유명한 두 가지를 꼽으라면 웨딩 임페리얼과 바로 마르코 폴로입니다. 많은 분들이 풍선껌 맛이라고 하시죠. 기분이 울적할 때 마르코 폴로 틴을 꺼내어 향을 맡으면 기분이 좋아질 정도로, 향이 화려한 차입니다. 과일향이 다양하게 섞여 있으며 딸기향과 초콜릿향이 강세! 밀크티로 추천해요.

 웨딩 임페리얼(Wedding Imperial)

마리아쥬 프레르는 향이 세련된 차들이 많습니다. 가향차의 베이스로 많이 쓰이는 고소한 아삼 베이스에 캐러멜과 초콜릿 가향차인 웨딩 임페리얼도 고급스런 향을 자랑하죠. 네이밍에서는 결혼에 대한 엄숙함이 보이지만 맛은 신혼의 달콤함을 알리듯 화려하게 다가옵니다. 우유의 고소함과 은은한 헤이즐넛향을 느끼고 싶다면 밀크티로도 드셔 보세요.

## ✏ 아메리칸 블렉퍼스트(American Breakfast)

마리아쥬 프레르는 다양한 종류의 블렉퍼스트 티를 선보이고 있습니다. 운남과 고슬고슬한 골든 팁스가 고소한 아삼 베이스의 프렌치 블렉퍼스트( French Breakfast)는 달콤한 초코향과 몰트향 덕분에 우유와 잘 어울리는 아침차 중 하나입니다. 러시안 블렉퍼스트(Russian Breakfast)는 그리 경쾌한 베르가못이 아닌 두 톤 정도 가라앉은 시트러스 향이 은은한 아침차. 상하이 블렉퍼스트(Shanghai Breakfast)는 자스민 베이스의 아침차로, 식후에 한잔 해도 좋은 아침차입니다.

그러나 마리아쥬 프레르에서 가장 맛있는 아침차는 아메리칸 블렉퍼스트(American Breakfast)인 것 같아요. 향은 로네펠트의 아이리쉬 몰트와 흡사하고 맛도 은은한 헤이즐넛향이 일품이거든요. 아메리칸 블렉퍼스트는 찬 우유의 밀크티로 추천!


## ✏ 볼레로(Bolero)

마리골드, 콘플라워, 지중해 연안의 과일 향이 블렌딩된 볼레로는 깔끔한 베이스에 패션 프루츠와 자몽을 합한 듯 시큼하면서도 상쾌한 달콤함이 강하게 다가오는 차입니다. 라벨의 볼레로라는 곡처럼 들릴 듯 말 듯한 선율들이 합하여 큰 바다를 이루는 것이 아니라 처음부터 새콤달콤한 기분 좋은 향과 맛이 팡팡 터지는 경쾌, 상쾌, 유쾌한 차. 여름에 냉침으로 추천합니다.

### 에로스(Eros)

`A blend of lovers`

마리아쥬 프페르의 홈페이지에 에로스를 이렇게 멋지게 소개하고 있습니다. 히비스커스와 블루 말로우의 사랑스런 블렌딩. 어디서나 자기 목소리를 강하게 표출하는 히비스커스가 에로스에서는 많이 가라앉은 모습이라 히비스커스의 시큼한 맛을 싫어하시는 분들도 충분히 드실 수 있을 거에요.

### 샹데르나고르(Chandernagor)

프랑스의 식민지였던 인도 서쪽지방의 작은 마을에서 따온 샹데르나고르(Chandernagor)는 각종 스파이스가 블렌딩된 차이(Chai)입니다. 차이의 향이 하드코어적이라며 멀리 하시는 분들도 마리아쥬 프레르의 샹데르나고르는 온건한 성격의 차이라 차이를 처음 접하시는 분들에게 추천합니다. 다소 알싸한 생강맛과 레몬빛이 도는 카다몸 등이 시너지 효과를 내어 한 겨울 계절인 차임에 분명한 것 같아요.

## Diary 60

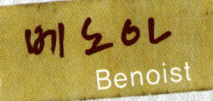
베노아
Benoist

### 1 관련사이트

www.benoist.co.jp

### 2 브랜드 스토리

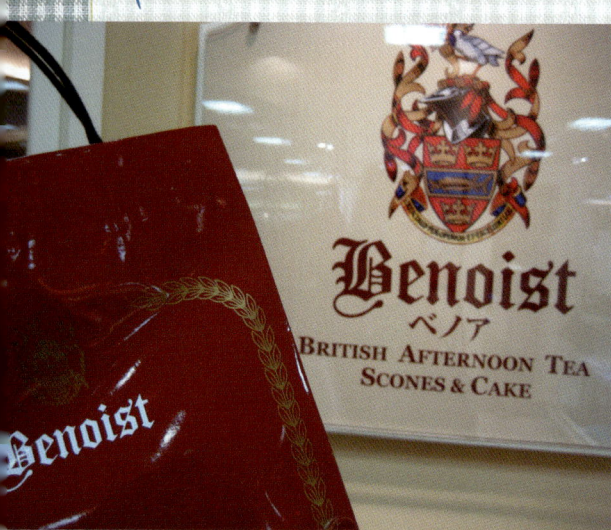

'전차남'이라는 일본 드라마를 통해 한국에도 많이 알려진 브랜드가 베노아입니다. 전차남과 여주인공의 만남에 자주 등장하는 홍차 브랜드죠. 드라마에서도 베노아 티룸이 등장하는데 도쿄 긴자의 마츠자카야 백화점 4층에 위치하고 있습니다. 3단 트레이에 정성껏 서빙되는 애프터눈 티 세트뿐 아니라 단품만 주문할 수도 있으니 도쿄 가시면 한번쯤 들러 보시는 것도 좋을 것 같아요.

일본 도쿄 긴자의 베노아 티룸

# 로네펠트's 추천

 애플티(Apple Tea)

클래식, 가향차 등 다양한 홍차를 선보이고 있는 베노아에서 가장 유명한 차는 애플티. 애플티 중에 두 번째로 좋아하는 차이기도 하구요. 포숑의 애플티가 조금 까탈스러운 차라면 베노아의 애플티는 언제 어디서 마셔도 편안한 사과향이 마음을 편안하게 해준답니다.

전차남에서 여주인공이 전차남에게 대접했던 다즐링도 추천!

일본 도쿄 긴자의 베노아 티룸

## Diary 61

브리즈
Brise

 **① 관련사이트**

www.brise.co.kr (구매처)

**② 브랜드 스토리**

커피가 보편화된 한국에 녹차를 알리기 위해 1999년 설립한 삼원무역은 2006년 8월 산들바람이라는 의미의 브리즈로 브랜드 런칭을 합니다. 현재 홍차, 녹차, 루이보스, 허브차 등 다양한 라인의 차를 선보이고 있는 차 전문 브랜드입니다.

# 로네펠트's 추천

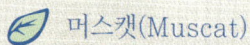 머스캣(Muscat)

브리즈의 머스캣을 만나기 전에는 실버팟의 머스캣이 청포도향을 가장 잘 살린 차라고 생각했었는데, 우연히 맛본 브리즈의 머스캣은 정말 청포도를 갈아서 주스로 만든 듯 달콤하고 다소 풋풋한 청포도의 향까지 정확히 구현해 낸 맛이었답니다. 특히 아이스티나 냉침으로는 포도 과육을 갈아 놓은 듯 단맛이 더 살아납니다.

 스트로베리 크림(Strawberry Cream)

홍차를 마시다 보면 홍차 브랜드나 맛의 호불호를 분명하게 느낍니다. 초콜릿, 캐러멜 가향은 무턱대고 좋아하지만 바닐라, 민트류는 손이 잘 가지 않는 것이 사실입니다. 브리즈의 스트로베리 크림도 딸기가향이라 조금은 겁을 내고 스트레이트로 우려 보았는데, 조금은 인공적인 딸기향이 올라오네요. 그러나 묵직한 캐러멜 향이 조금은 인공적인 딸기향을 완화시켜 주고, 간간히 보이는 장미꽃잎 덕분인지 잔향으로 꽃 내음도 스치는 맛있는 차임에는 분명!

### 🍃 호지 믹스(Roasted Green Tea Latte)

호지믹스는 남녀노소를 불문하고 간식용 차로 으뜸인 차입니다. 녹차
분말, 현미분말, 설탕의 블렌딩으로 미숫가루처럼 구수하고 고소한 맛이
좋아서 출출할 때 한잔씩 마시면 좋아요. 뜨거운 물에 우려 드셔도 좋지
만 특히 우유에 타서 드시면 고소한 맛이 배가가 되는 맛있는 차.

### 🍃 루이보스 페시카(Persica)

루이보스 페시카는 블렌딩이 너무나 예쁜 차입니다. 피부미용, 노화
방지 등에 좋은 루이보스, 그린 루이보스 베이스에 복숭아향이 가향된 가
향 루이보스인데, 루이보스 특유의 나무향이 싫으신 분들에게도 은은하
게 풍기는 복숭아향이 반갑게 다가오는 차입니다.

## Diary 62

### 비글로우
#### Bigelow

## 관련사이트

www.bigelowtea.com

## 브랜드 스토리

비글로우의 창립과 함께 한 차는 컨스턴트 코멘트(Constant Comment)입니다. 비글로우의 창시자 루스 캠벨 비글로우 여사(Ruth Campbell Bigelow)가 처음으로 블렌딩한 차이기 때문이에요. 시판을 목적으로 블렌딩한 차는 아니었지만 반응이 좋아서 사업을 시작했고, 지금까지 미국에서는 어디를 가도 볼 수 있는 대중적인 브랜드로 성장하게 되었답니다. 비글로우 여사의 아들 데이비드(David C. Bigelow)는 열정적이었던 그의 어머니를 기리며 'My mother loved tea'라는 책도 출간하기도 했구요.

## ③ 로네펠트's 추천

 컨스턴트 코멘트(Constant Comment)

　1945년 비글로우의 시작부터 반세기 이상 함께한 차인 컨스턴트 코멘트는 패키지의 검정과 빨간색 조화에서 창립자의 차에 대한 열정과 뚝심을 엿볼 수 있답니다. 오렌지의 시트러스한 향과 알싸한 스파이스의 조합이 크리스마스 티를 연상시키기도 하는데, 스트레이트로도, 밀크티로도 맛있는 차입니다.

　스윗 드림스(Sweet Dreams)

　셀레셜와 슬리피 타임처럼 비글로우에도 숙면에 좋은 차가 있는데, 바로 스윗 드림스입니다. 다소 언밸러스한 캐모마일과 히비스커스, 민트의 조합이지만 마음을 안정시켜 주는 효과가 있습니다.

## Diary 63

### 셀레셜 시즈닝스
#### Celestial Seasonings

### 관련사이트

www.celestialseasonings.co.kr (구매처)

### 브랜드 스토리

다양한 허브를 재료로 사용한 셀레셜 시즈닝스는 1969년 미국의 콜로라도에서 몇몇 사업가들에 의해 설립됩니다. 로키산맥에서 직접 채취한 차를 식료품점에 납품하다가 그 맛과 기술을 인정받아 점차 사업을 확장하여 현재 허브차, 녹차, 홍차 등 100가지가 넘는 차를 한국을 포함, 전 세계 50곳 이상으로 수출하고 있습니다. 더구나 재생지를 사용하는 패키지, 금속 스테이플러도 사용하지 않는 등 환경 친화적인 기업이라 더욱 믿음이 갑니다. (홍차보다는 허브차 라인을 추천)

패키지 디자인 공모를 통해 각 차의 특성을 살린 아기자기하고 예쁜 패키지들을 만들어 내는 셀레셜 시즈닝스. 버리기에는 아까워 셀레셜 시즈닝스의 패키지를 수집하는 분들도 많답니다.

# 로네펠트's 추천

 레드 징어(Red Zinger)

1972년 1월에 처음 선보인 레드 징어는 30년이 넘는 지금까지 셀레셜의 효자 상품입니다. 레드 징어가 첫 테이프를 끊은 후, 레몬 징어, 라즈베리 징어, 아카이 망고 징어 등 다양한 징어 라인을 선보이고 있습니다. 시원하고 톡 쏘는 페퍼민트의 느낌이 시큼한 히비스커스 덕분에 민트의 향은 많이 죽은 느낌. 그러나 상큼한 레몬 그라스의 레모니 향이 달콤함만 남은 민트와 은은하게 입 한가득 남는 맛있는 허브차입니다.

 탠저린 오렌지 징어(Tangerine Orange Zinger)

셀레셜 시즈닝스의 허브차 중 가장 맛있는 차는 탠저린 오렌지 징어입니다. 히비스커스, 로즈힙, 블랙베리 잎, 천연 탠저린 향, 그리고 혈액순환 개선과 콜레스테롤을 조절해 준다는 호손 베리 등이 들어있어 웰빙차이기도 하지요. 셀레셜 시즈닝스의 허브차들은 핫티보다는 아이스티나 냉침이 맛있습니다. 달콤, 시큼, 감귤의 톡 쏘는 맛이 강하고, 혀 끝에 남은 잔향은 분말 오렌지 주스의 상큼한 맛이에요.

### 🌿 시나몬 애플 스파이스(Cinnamon Apple Spice)

시나몬과 히비스커스의 만남이 어색해 보이긴 했지만 맛을 보니 조화롭게 어울리네요. 시나몬, 히비스커스, 캐모마일, 오렌지 필 등이 블렌딩된 시나몬 애플 스파이스. 사과맛 설탕을 탄 것 같은 착각을 일으킬 정도로 단맛이 강해서 여름에 챙겨 마시는 차가 되었답니다.

### 🌿 슈가 쿠키 슬레이 라이드(Sugar Cookie Sleigh Ride)

한국말로 번역하자면 '설탕과자 썰매 타기'정도가 될까요. 성인병을 예방한다는 고소한 맛의 밀크 시슬(milk thistle)이 블렌딩되어 있어서 그런지 뜨거운 물을 붓자 우유 분말 냄새와 비슷한 달콤하고 고소한 향이 후각을 자극합니다. 설탕을 가득 묻힌 과자의 단 맛이 가장 먼저 느껴졌지만 이내 고소하고 담백한 보리과자의 맛도 느껴집니다. 마지막은 오렌지 필의 상큼함으로 마무리. 크리스마스 트리 밑에서 달콤한 슈가 쿠키와 함께 마시면 완벽할 것 같아요.

# Diary 64

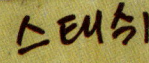

스태쉬
Stash

## 관련사이트

www.stashtea.com

www.teashopredandgreen.com (구매처)

## 브랜드 스토리

미국 포틀랜드 교외에 본사를 두고 있는 스태쉬는 1972년 설립된 회사로 홍차, 녹차, 허브차 등 다양한 차를 선보이고 있습니다. 수많은 상을 받았고, 1995년에는 비알콜성 음료 부문에서 권위 있는 런던 국제상을 수상하기도 했죠. 홍차보다는 다양한 허브차가 인기인데 한국에서도 비교적 쉽게 구할 수 있는 홍차 중의 하나랍니다.

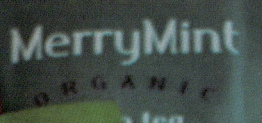

## 로네펠트's 추천

 **레몬 블러썸(Lemon Blossom Herbal Tea)**

스태쉬 허브 라인에서 가장 인기 있는 차는 레몬 블러썸이랍니다. 레몬 그라스와 오렌지 덕분에 시트러스 맛이 강한 레몬 블러썸은 생수 냉침이나 사이다 냉침으로 추천합니다.

**피치 블랙 티(Peach Black Tea)**

스태쉬는 티백 색에서 차의 맛을 어느 정도 가늠할 수 있기 때문에 티백 색을 보고 차의 맛을 예측하는 재미도 느낄 수 있죠. 스태쉬의 피치 블랙 티는 티백을 개봉하면 다소 인공적인 강한 복숭아 향이 난답니다. 핫티보다는 아이스티나 냉침을 추천해요. 물 300ml, 티백 하나, 8시간 이상 냉장고에 넣어 두시면 맛있는 복숭아 맛 아이스티 완성!

## Diary 65

실버팟
Silver Pot

 **관련사이트**

www.rakuten.ne.jp/gold/silverpot

(한국으로 직배송 가능)

**브랜드 스토리**

　　인도 유학생활 중 경험한 영국식 티타임과 인도의 맛있는 차 맛에 반해 실버팟을 창업한 나가노씨는 지금까지 30년 넘게 질 좋은 홍차를 제공하고 있습니다. 인도로부터 질 좋은 찻잎을 수입하여 맛과 향이 훌륭한 차를 만들기 위해 끊임없이 노력하고 있다고 해요. 실버팟은 '계절 한정'이라는 이름하에 특정 계절에만 판매되는 차들도 많지만 맛이 향을 못 따라가는 종류도 적지 않답니다. 신기하게도 실버팟은 스트레이트로는 별로지만 밀크티 용으로는 대부분 최고!

## 로네펠트's 추천

 **아삼 CTC 하티마라(Assam CTC Hatimara)**

밀크티를 위해 태어난 아삼 CTC 답게, 겨울에는 실버팟 홈페이지의 상위권 랭킹을 항상 지키고 있는 아삼 CTC 하티마라는 스트레이트로도, 밀크티로도 정말 맛있답니다. 제가 실버팟에서 가장 좋아하는 차이기도 하구요. 하티마라는 실버팟에서 밀고 있는 아삼 재배 지역인데, 유럽에서도 인기가 많다고 합니다. 설탕을 넣지 않아도 깊고, 진한 몰트향이 달콤하게 다가와서 굳이 감미료를 넣지 않으셔도 맛있어요. 한 입 넘기면 '역시나 홍차의 코코아구나'라는 말이 절로 나오실 거에요.

 **캐러멜 차이(Caramel Chai)**

2004년 혜성처럼 등장한 캐러멜 차이는 지금까지 3만개가 넘게 팔린 실버팟의 효자 상품 중의 하나랍니다. 겨울한정으로만 만날 수 있구요. 아삼 CTC, 붉은 핑크 페퍼, 은구슬 같은 아라잔, 시나몬이 블렌딩된 캐러멜 우유에 알싸한 시나몬향이 느껴지는 밀크티용으로 그만인 차입니다. 그러나 전혀 '차이'스럽지 않은 여린 맛에 고개를 젓는 분들도 많으신 호불호가 분명한 차.

 메이플 티(Maple Tea)

　팬 케이크와 잘 어울리는 메이플 시럽맛의 차가 바로 실버팟의 메이플 티랍니다. 가을, 겨울 밀크티용으로 정말 추천하는 차이기도 하구요. 밀크티와 최고의 궁합인 아삼 CTC에 귀여운 설탕 덩어리도 들어있어 향도 좋고 달콤한 차입니다. 스트레이트로도 맛있어요.

 코 무라사키(Ko-murasaki)

　동글동글한 아삼 CTC, 고구마 플레이크, 밤향의 블렌딩인 코 무라사키는 보라색의 고구마 플레이크가 인상적인 차에요. 스트레이트로 마셔도 달콤하지만 밀크티로 마셨을 때 진가를 더하는 것 같아요. 고구마 플레이크가 녹아서 그런지 걸죽한 느낌의 밀크티로 찐득하고 달콤한 고구마, 고소한 군밤의 맛이 입안 가득 느껴지는 실버팟의 베스트 오브 베스트!

# Diary 66

아마드
Ahmad Tea

## ① 관련사이트

www.ahmadtea.com

www.ahmadtea.co.kr (구매처)

## ② 브랜드 스토리

아마드는 한국에서 트와이닝과 더불어 가장 대중적인 차가 아 닐까 해요. 영국 본사에서 가공, 제조부터 블렌딩, 포장까지 이루어지고, 전 세계 90여 개국 이상에서 팔리고 있는 영국의 홍차회사 인 아마드는 가격대비 향이 좋고, 다양한 종류가 특징입니다. 특히 영국 의 풍경이 틴에 녹아든 예쁜 캐디들과 티백이 예뻐서 수집하는 분들도 많 습니다.

## 로네펠트's 추천

 레몬 앤 라임(Lemon & Lime)

아마드는 특별히 맛있는 차도, 맛없는 차도 없는 브랜드라는 인식이 강한데, 레몬 앤 라임만큼은 엄지 손가락 두 개를 들고 싶을 정도로 생수 냉침이나 사이다 냉침으로 맛있는 차입니다. 티백을 개봉하면 상큼한 레몬향이 강하게 다가오는데 냉침을 하면 레몬보다는 라임맛이 조금 더 강하게 다가옵니다. 상큼, 시큼한 맛을 좋아하시면 꼭 드셔보세요.

 애플(Apple)

애플이나 딸기 같은 아마드의 가향차들은 냉침이 그 달콤함을 더 느낄 수 있는 것 같아요. 사이다 냉침 추천!

**Diary 67**

Akbar

 관련사이트

www.akbar.com

② 브랜드 스토리

　　1907년 설립된 아크바는 스리랑카에서 최초로 식품 위해 요소 중점 관리기준 인증을 획득한 선진화된 설비를 갖춘 회사로 현재 80개 이상의 나라에 수출하고 있습니다. 한국에서도 비교적 저렴하게 구입하실 수 있습니다.

## 로네펠트's 추천

 체리(Cherry)

　홍차를 언제 구입하시나요? 마시고 싶은 홍차가 생길 때마다 그때, 그 때 구입하시나요? 티 월드 페스티벌이나 카페쇼에 참석하신다면 몇몇 브 랜드들의 차를 저렴한 가격에 구입할 수 있습니다. 티 월드 페스티벌에서 저렴한 가격에 구입해서 가끔 마시는 차가 아크바인데 가격은 저렴하지만 맛은 조금 실망스러운 브랜드입니다. 레몬, 딸기, 복숭아 등 가향차들 중 에 체리가향이 맛있답니다. 아이스티로 추천해요.

## Diary 68

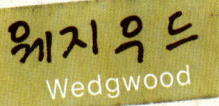

웨지우드
Wedgwood

### 관련사이트

www.wedgwood.com/GB/home
www.alicekitchen.co.kr (구매처)

### 알고 마셔요!

결혼할 때 여성들이 많이 고민하는 것들 중 하나가 바로 티 웨어인 것 같아요. 그런 여성들의 로망이 바로 웨지우드의 장인 정신이 묻어나는 터콰즈나 플로렌틴 라인일거에요. 찰스 다윈의 외할아버지인 웨지우드가 1759년 시작한 웨지우드는 티 웨어로도 유명하지만 인도의 수십 개의 다원에서 만드는 홍차 라인도 있습니다. 웨지우드의 차들은 왠지 너무 점잖 빼는 듯, 밍밍한 맛이 대부분이라 그리 좋아하는 브랜드는 아니랍니다.

### ③ 로네펠트's 추천

#### 🍃 파인 스트로베리(Fine Strawberry)

포트넘 앤 메이슨의 와일드 스트로베리, 루피시아의 스트로베리, 아마드의 스트로베리 등등…

딸기가향 홍차들의 종류도 많습니다. 웨지우드의 파인 스트로베리는 포트넘 앤 메이슨의 와일드 스트로베리처럼 근엄한 표정의 근위병이 생각나는 묵직한 차는 아니에요. CTC 타입의 잘잘한 잎이라 잘 우러나는 웨지우드의 파인 스트로베리는 딸기의 은은한 달콤함이 좋답니다. 향에 비해 맛은 조금 죽은 느낌이지만 밀크티로 맛있어요.

#### 🍃 런던 베어 시리즈(London Bear)

런던 베어 시리즈는 맛보다는 패키지에 그려져 있는 귀여운 런던 베어 덕분에 손이 가는 차들입니다. 런던 블렉퍼스트(London Breakfast), 캐러멜(Caramel), 런던 애프터눈(London Afternoon)에서 캐러멜 추천.

# Diary 69

## 위타드 오브 첼시
### Whittard of Chelsea

## 관련사이트

www.whittard.co.uk

www.alicekitchen.co.kr (구매처)

## 브랜드 스토리

1886년 월터 위타드가 런던에 매장을 연 것이 현재 위타드의 시초. 영국을 비롯한 전 세계 100여 곳에서 40여종 이상의 차를 공급하고 있습니다. 위타드는 클래식 라인보다는 여름차인 프룻 인 퓨전이나 겨울에 밀크티용으로 맛있는 핫초코 종류들이 인기예요.

# 로네펠트's 추천

 기문(Keemun)

"그 친구 성격이 어때?"

"흠..... 그냥 무난해......."

　가끔 친구의 성격을 묘사해야 할 때 뚜렷한 특징이 없어서 대답하기 난감할 때가 있지요. 기문이 바로 그런 맛인 것 같아요. 자기만의 향과 맛이 그다지 강하지 않아서 가향차의 베이스로 많이 사용되는 차 중의 하나입니다(특히 니나스 파리의 베이스는 대부분 기문). 시중의 다양한 브랜드의 기문 중에서 위타드 기문이 가장 깔끔하고 은은해서 술술 잘 넘어갑니다. 참고로 최상의 기문에서는 난향과 장미향이 나지만 우리가 흔히 접하는 기문에서는 난향, 장미향보다는 나무를 불에 살짝 태운 듯 매캐한 훈향이 강세랍니다.

### 🍃 베리, 베리 베리(Very, very berry)

화장품을 고를 때도 베스트셀러보다는 스테디셀러를 고르라고 하듯, 위타드의 베리, 베리 베리는 수년간 스테디셀러로 확고히 자리매김한 여름차의 베스트 오브 베스트인것 같아요. 생수냉침이나 사이다 냉침이 맛있는데 수색은 검붉은 색이에요. 히비스커스의 시큼함 뒤로 포도의 단 맛이 스쳐가고, 엘더베리와 블랙 커런트의 새초롬함이 혀끝에 잔잔하게 잔향으로 남는 차.

### 🍃 블루베리 앤 요거트(Blueberry and Yoghurt)

시트러스한 베리의 맛이 은근히 지나가다가 잘 익은 사과와 히비스커스의 시큼한 맛도 스치고, 청명한 요거트 맛이 나는 차가 바로 블루베리 앤 요거트입니다. 잔잔하게 혀에 남는 요거트 맛! 사이다 냉침이나 요거트 냉침으로 추천합니다.

### 🍃 와일드 체리(Wild Cherry)

'위타드스럽게' 큼지막한 과육들이 인상적인 와일드 체리는 시큼달콤한 체리향이 강해서 개봉과 동시에 침샘을 자극합니다. 체리를 좋아하시는 분들이라면 여름차로 꼭 구비해 보세요.

# Diary 70

## 카렐 차페크
### Karel Capek

## ① 관련사이트

www.karelcapek.co.jp

## ② 브랜드 스토리

아기자기한 소품들로 여심을 자극하여 연신 지갑을 열게 하는 도쿄의 지유가오카. 지유가오카에서도 제가 가장 좋아하는 곳은 [트레인치 지유가오카]입니다. 일본 여행 중, 트레인치 지유가오카의 카렐 매장 안으로 들어가니 누군가의 팬 사인회가 열리고 있었답니다. 점원에게 물어보니 카렐의 오너인 [야마다 우타코]씨였답니다.

체코의 유명 작가 [Karel Capek]의 이름을 따서 1996년 시작한 카렐은 2% 맛은 부족하지만 동화 작가이기도 한 그녀가 직접 그린 앙증맞고 사랑스러운 그림들로 더 유명합니다. 1963년생인 그녀는 사업 초기에는 소수의 거래처에서 홍차를 받아 판매하며 거래처를 넓혀갔고, 1996년 Karel Capek을 회사조직으로 성장시키죠. 경영뿐 아니라 일러스트를 그리거나 동화 작가로 활동하는 등 다방면에서 활동하고 있는 야마다 우타코씨.

홍차 그 자체뿐 아니라 홍차에 관련된 모든 것을 수집하고 있는 분들에게 카렐의 틴이나 티백, 엽서들은 수집 1순위입니다. 일본에 가시면 카렐 매장 꼭 들러보세요.

일본 도쿄의 카렐 차페크 매장

카렐의 오너, 야마다 우타코씨

# ③ 로네펠트's 추천

 홀리 밀크 티(Holy Milk Tea)

카렐은 화려한 외관에 비해서 맛은 조금 떨어지는 것이 사실입니다. 그러나 몇 가지는 외관만큼이나 만족스런 맛을 선보이고 있어요. 그중 하나가 홀리 밀크 티입니다. 아삼, 기문 베이스인 홀리 밀크 티는 이름에서부터 알 수 있듯 밀크티로 맛있는 차입니다. 진하게 만든 홀리 밀크티를 한 모금 넘기니, 아삼의 깊은 고소함이 느껴지면서 입안 가득 바디감도 풍부해요. 겨울용 차로 추천!

 캐러멜 티(Caramel Tea)

카렐은 조금 연하기 때문에 적정량보다 잎을 더 많이 넣거나 물의 양을 줄이셔야 합니다. 캐러멜 티도 조금 진하게 밀크티로 만드니 고소하고 달콤함이 짙은 차가 되었네요. 딜마의 캐러멜이나 로네펠트의 헤렌 토피만큼은 아니지만 고소하고 달콤함 짙은 밀크티.

### 퀸즈 애플(Queen's Apple)

밍밍함이 특징인 카렐을 재발견하게된 계기가 된 차들 중 한 가지가 바로 퀸즈 애플입니다. 개봉과 동시에 농익은 사과향이 후각을 자극하는 퀸즈 애플은 건조한 사과 조각도 실하게 들어있답니다. 진국인 사과의 맛이 강해서 질 좋은 캐모마일 차를 마신 듯한 착각도 들구요.

 ### 레모니 레몬(Lemony Lemon)

로네펠트의 레몬 스카이나 아마드의 믹스 시트러스 정도는 아니지만 카렐의 레모니 레몬도 상큼한 레모니향을 충분히 느낄 수 있는 차입니다. 감미료를 조금 넣으면 시중에서 파는 실론티의 느낌인데, 칼칼한 실론이 아닌 조금은 중화된 시트러스 향이 배어나오는 차로 레몬 슬라이스 한 장 얹어 마시면 더욱 좋겠죠.

 ### 마룬 티(Maroon Tea)

개봉하면 밤향기를 마구 발산하는 카렐의 마룬 티는 인공적이고 요란한 맛은 아니에요. 산에서 막 따온 순박한 밤의 느낌이 더욱 강하답니다. 설탕 한 스푼 넣고 밀크티로 드셔보세요.

# Diary 71

## 쿠스미 티
### Kusmi Tea

### ① 관련사이트

www.kusmitea.com/en

### ② 브랜드 스토리

가족을 떠나 St Petersburg로 온 14살의 Pavel Michailovitch Kousmichoff는 차 상인 밑에서 차 블렌딩 기법을 배우면서 사업을 준비합니다. 부유한 상인의 딸과 결혼 후, 1867년 티 하우스를 개업하여, 1901년에는 11개의 티 하우스로 확장하게 됩니다. P. M. Kousmichoff의 사후에 그의 아들 Viatcheslav가 가업을 물려 받아 러시아의 주요 도시에 51개의 티 하우스를 내는 등 성공을 이어갑니다.

여러 도시에 분점을 내던 쿠스미는 대규모의 러시아 커뮤티니가 형성된 독일에 본점을 내고 사업을 뿌리 내리지만 Viatcheslav Kousmichoff 사후에, 그의 아들인 Constantin이 가계를 물려받고 1972년, 파산하고 가업을 팔게 됩니다. 2003년 Orebi brothers가 쿠스미를 물려받아 현재에 이르고 있습니다.

쿠스미 티의 특징은 얼 그레이에 들어가는 '베르가못'이 여러 종류에 블렌딩된다는 것입니다. 베르가못을 좋아하시는 분이라면 쿠스미 티도 좋아하실 거에요.

## 로네펠트's 추천

 부케 오브 플라워즈(Bouquet of Flowers)

'꽃다발'이라는 이름의 이 차는 예쁜 이름답게 시트러스 향연을 맛볼 수 있는 차입니다. 실론의 칼칼함이 조금은 느껴지는 차지만 화려한 꽃향도 느껴지는 봄과 잘 어울리는 차인 것 같아요.

상트 페테르부르크

(St Petersburg)

1867년 처음으로 쿠스미가 시작된 도시, 상트 페테르부르크의 300주년을 기념하기 위해 만든 이 차는 시트러스함 이외에도 달콤한 과일향과 고소한 캐러멜도 가향된 독특한 블렌딩을 자랑합니다. 밀크티로 추천!

### 🍃 프린스 블라드미르(Prince Vladimir)

쿠스미 티의 맛의 철학이 '시트러스'인 것 마냥 대부분의 차가 시트러스한 얼굴을 지니고 있는데 일명 왕자님 차인 프린스 블라드미르도 예외가 아닙니다. 시트러스 베이스 위를 크리미한 바닐라와 알싸한 스파이스 향이 스치고 지나가는 차.

### 🍃 아나스타샤(Anastasia)

비운의 공주 아나스타샤가 떠오르는 아나스타샤도 역시나 베르가못향이 일품인 차에요. 실론의 칼칼함이 전혀 느껴지지 않는 달콤하고 향긋한 차인 아나스타샤는 레몬과 오렌지의 시트러스함이 더해져서 쿠스미에서 인기 있는 차 중 하나입니다.

## Diary 72

테일러즈 오브 헤로게이트
Taylors of Harrogate

**① 관련사이트**

www.bettysandtaylors.co.uk

www.alicekitchen.co.kr (구매처)

**② 브랜드 스토리**

이름 한번 길죠? 보통 헤로게이트라 부른답니다. 1886년 영국 북부 North Yorkshire의 헤로게이트라는 마을에서 찰스 테일러에 의해 설립된 회사입니다. 1919년 프레드릭 벨몬트는 헤로게이트 지역에서 오늘날 관광 명소가 된 Betty's라는 티룸을 개점하는 데 1962년 테일러즈 오브 헤로게이트와 합병하게 됩니다. 후진국의 나무심기, 삼림 보호단체 등에 기부하는 것 외에도 사회에 수익금을 환원하고 있는 건전한 기업이고, 더구나 2007년 영국의 퀸즈 어워드에서도 수상한 믿음직한 브랜드입니다.

## 로네펠트's 추천

🍃 요크셔 골드(Yorkshire Gold)

　헤로게이트 차 중에 가장 인기 있는 차는 요크셔 골드입니다. 밀크티에 설탕 한 스푼을 넣으면 맛이 더욱 깊어지는 것 아시죠? 부드럽고 고소한 그야말로 진국인 밀크티에요. 깊은 고소함의 극치! 코를 찌르는 향긋함이 우유에 온전히 녹아 진하디 진한 밀크티를 선사해요. 평소에는 말없이 묵묵하지만 어려울 때 발 벗고 나서 도와주는 진국인 친구 같은 차가 바로 요크셔 티가 아닐까 해요. 밀크티로 맛있는 차들 중에 1등을 주고 싶을 정도로 맛있답니다.

티피 아삼(Tippy Assam)

'티피'라는 말이 붙은 아삼은 맛이 연하고 은은합니다. 골든 팁스가 많이 보이는 헤로게이트의 티피 아삼은 은은하지만 감칠맛 나는 단맛의 몰트향이 일품이랍니다. 깊은 편안함이 특징인 헤로게이트의 티피 아삼은 스트레이트로도 단맛을 느끼실 수 있지만 밀크티로도 제격!

 레몬 앤 오렌지 티(Lemon & Orange Tea)

요크셔 골드와 티피 아삼이 겨울에 어울리는 차라면 레몬 앤 오렌지 티는 여름 냉침용으로 어울리는 차입니다. 개봉과 동시에 레몬의 상큼함이 퍼지고 생수냉침이나 사이다냉침을 해도 고스란히 맛에 녹아 들어 레몬과 오렌지 맛이 일품인 차!

 블랙베리 앤 엘더 플라워(Blackberry & Elderflower)

레몬 앤 오렌지 티와 더불어 여름의 생수냉침, 사이다 냉침용으로 맛있는 차는 블랙베리 앤 엘더 플라워입니다. 시큼한 베리맛이 최고!

## Diary 73

**트와이닝**
Twinings

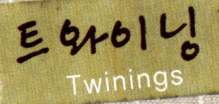

### 관련사이트

www.twinings.com/home.php
www.alicekitchen.co.kr (구매처)

### 알고 마셔요!

회사를 처음 일구어 낸 분의 이름을 따서 만든 브랜드로, 한국에서 비교적 쉽게 구입할 수 있는 홍차 중의 하나가 바로 트와이닝이랍니다. 1706년 런던의 홍차상이었던 토마스 트와이닝은 Tom's Coffee House가 성공을 거두자, 1717년 영국 최초의 홍차 전문점인 골든 라이언을 열었답니다. 지금으로서는 상상도 할 수 없지만 당시 커피하우스는 여성의 출입을 금지했는데 골든 라이언은 여성의 출입도 허용해서 더욱 번성하게 되었죠. 1837년 빅토리아 여왕 즉위 후에는 왕실 납품권까지 얻고 지금까지 영국 왕실과 깊은 관계를 맺고 있는 브랜드입니다. 홍차의 사각지대인 한국에서 트와이닝은 아마드와 더불어 대중화된 브랜드 중의 하나.

**TWININGS**
BLACKCURRANT
GINSENG & VANILLA
FRUIT FLAVOUR & HERBAL INFUSION
*A reviving drink with a lively taste*

**TWININGS**
OF LONDON
EARL
GREY
TEA
BLENDED & PACKED BY
R. TWINING & COMPANY LIMITED,
LONDON, ENGLAND.

**TWININGS**
*Pure Flowers of*
CAMOMILE
HERBAL INFUSION
*A soothing drink to aid relaxation*

**TWININGS**
OF LONDON
PEACH
*Flavoured Black Tea*

**TWININGS**
OF LONDON
PRINCE
OF WALES
TEA
BLENDED & PACKED BY
R. TWINING & COMPANY LIMITED,
LONDON, ENGLAND.

**TWININGS**
OF LONDON
GRANDS JARDINS DE
DARJEELING
SACHET POUR UNE TASSE
POIDS NET 2 g

**TWININGS**
CAMOMILE
HONEY & VANILLA
FRUIT FLAVOUR & HERBAL INFUSION
*A soothing blend with a hint of honey and vanilla*

**TWININGS**
OF LONDON
BLACKCURRANT
*Flavoured Black Tea*

**TWININGS**
OF LONDON
PASSION FRUIT
MANGO & ORANGE
*Flavoured Black Tea*

**TWININGS**
STRAWBERRY
& MANGO
FRUIT FLAVOUR INFUSION

**TWININGS**
OF LONDON
ORANGE &
CINNAMON
*Flavoured Black Tea*

**TWININGS**
OF LONDON
FOUR RED
FRUITS
*Flavoured Black Tea*

## 로네펠트's 추천

 레이디 그레이(Lady Grey)

영국의 수상이었던 그레이 백작의 이름을 딴 홍차, 얼 그레이는 트와이닝과 잭슨스 社에서 서로 먼저 만들었다고 귀여운 논쟁을 벌이고 있습니다. 베르가못향의 지존인 얼 그레이의 짝꿍인 레이디 그레이를 마시면 리트머스 종이가 된 착각을 일으킬 정도로 시트러스, 오렌지, 레몬향이 온몸에 전류 흐르듯 흐르곤 한답니다. 레이디 그레이는 핫티보다는 냉침이 더 맛있답니다. 물 300ml, 티백 한 개 또는 잎차 3그램으로 8시간 이상 냉침한 레이디 그레이 한잔이면 더운 여름날 갈증 해소로 최고랍니다.

프린스 오브 웨일즈(Prince Of Wales)

낙엽을 태우고 있는 시골의 해가 지는 들판.

갈색 트렌치코트를 입고 담배피고 있는 장발의 남자.

바로 이런 느낌의 차가 프린스 오브 웨일즈입니다. 트와이닝의 블렌드 티를 좋아하던 에드워드 8세가 자신의 칭호를 사용하는 것을 허락해서 일명 왕자님 티라고 불리는 프린스 오브 웨일즈(Prince of Wales)티가 빛을 보게 되었답니다. 낙엽을 태우는 곳에서 맡을 수 있는 스모키한 훈향에 약간은 달착지근한 난향이 소심하게 달려오는 매력적인 왕자님 티는 수색도 낙엽빛입니다. 포플러 나뭇잎 떨어지는 가을의 어느 날, 왕자님을 기다리는 기분으로 한번 마셔보세요.

러시안 카라반(Russian Caravan)

이 차의 이름은 18세기, 낙타가 끄는 이동식 주택(카라반/Caravan)으로 대륙을 건너 러시아까지 차를 운반한 것에서 유래되었다고 해요. 러시아 카라반은 기문과 우롱의 블렌딩인데 부드러운 훈연향이 좋아서 추적추적 비 내리는 날과 잘 어울리는 차.

## Diary 74

**티 게슈벤드너**
Tea Gschwendner

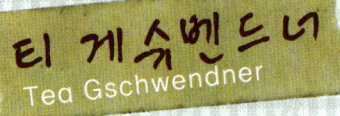

### ① 관련사이트

www.teagschwendner.com

### ② 브랜드 스토리

1978년 알버트 게슈벤드너(Albert Gschwendner)가 부인과 함께 독일의 Trier지역에 자그마하게 시작한 것이 티 게슈벤드너의 시작이라고 합니다. 홍차, 녹차, 우롱차, 백차, 루이보스, 과일/허브차 등 다양한 차를 선보이고 있구요. 세계 티 박람회(www.worldteaexpo.com)에서도 매년 우수한 성적을 거두는 퀄리티 높은 브랜드입니다.

NR.
962
SCHWARZER TEE
AROMATISIERT
O`Connor's
Cream®
Tee Gschwendner
D-53340 Meckenheim
100 g
ASSAM / FOP AUTUMN
IRISH MALT®
The extravagant aroma of Irish whisky
with a hint of cocoa blended with
a malty Assam tea.
Ingredients: Tea, cocoa, aroma
100 g FLAVOURED BLACK TEA

# 로네펠트's 추천

 파인애플 망고(Pineapple-Mango)

　2009년 세계 티 박람회 가향차 부문에서 당당히 1위를 차지한 차가 바로 티게슈벤드너의 파인애플 망고랍니다. 말린 파인애플과 망고 조각들이 실하게 들어있어 코를 찌를 듯한 열대 과일 향에 한 번 취하고, 향이 고스란히 녹아든 맛에 두 번 취하는 맛있는 차. 한 입 넘기면 역시나 1등 할 만하구나 라는 생각이 절로 드실 거에요.

 바나나 월넛(Banana Walnut)

　개봉하면 달콤한 바나나 향이 후각뿐 아니라 미각을 자극하는데, 스트레이트로는 바나나의 달콤, 크리미함, 그리고 호두의 고소한 맛이 일품입니다. 그러나 밀크티가 더 맛있는 것 같아요. 바나나를 갈아서 바나나 우유를 만들면 이런 맛일까요. 스트레이트에서 조금 느껴졌던 시큼함은 없어지고 대신에 호두의 고소한 맛이 더 강해진 로얄 밀크티 한 잔. 겨울에 잘 어울리는 차인 것 같아요.

## Diary 75

# 티 센터 오브 스톡홀름
## Tea Centre of Stockholm

## ① 관련사이트

www.teacentre.se/catalog

www.alicekitchen.co.kr (구매처)

## ② 브랜드 스토리

티 센터 오브 스톡홀름은 '차의 왕'이라는 애칭으로 불리는 베르노 마우리스(Vernon Mauris)씨가 시작한 스웨덴의 대표적인 차 브랜드입니다. 스웨덴의 차 문화 발전뿐 아니라 세계적으로도 차의 개발을 위한 연구를 끊임없이 하는 그의 홍차들은 향과 맛이 뛰어납니다. 특히나 그의 재치가 엿보이는 재미있고 화려한 블렌딩들을 보는 재미도 쏠쏠! 스웨덴 여행 가시는 분들은 스톡홀름의 티 센터 오브 스톡홀름 가게도 꼭 들러 보세요.

# 로네펠트's 추천

🍃 재패니즈 라임(Japanese Lime)

　녹차는 조금 비리게 다가와서 좋아하는 베이스는 아니지만 티 센터의 재패니즈 라임은 산뜻한 녹차 베이스에 레몬과 라임 필의 시큼한 조합이 너무나 맛있게 다가온 차입니다. 한 모금 마시면 전혀 녹차라는 느낌이 아니라 은은한 레몬차를 한잔 하는 듯한 느낌이 드는, 녹차 베이스가 두려우신 분들에게 추천하는 차!

🍃 얼 그레이 스페셜(Earl Grey Special)

　티 센터 오브 스톡홀름의 얼 그레이 스페셜을 만나기 전에는 포트넘의 얼 그레이 클래식을 가장 좋아했었지만 지금은 얼 그레이에서 가장 좋아하는 차는 바로 얼 그레어 스페셜이에요. 큼지막한 자스민 꽃, 콘 플라워, 레몬 필 등 달콤 시큼한 맛이 더 첨가된 얼 그레이에요. 아이스티로 강추!

### 스톡홀름 블렌드(Sodar blandning)

티 센터의 주인장 마우리스씨가 여러 가지 블렌딩을 연구하다가 실수로 실험하던 차들이 섞이는 사고가 발생했다고 합니다. 실수였지만 향과 맛이 좋고, 주위 반응도 좋아서 시판을 했다고 해요. 이런 재미있는 일화를 가지고 있는 스톡홀름 블렌드는 티 센터에서 지금까지 사랑받고 있는 차라고 합니다. 오렌지 필, 콘 플라워, 로즈 플라워 이외에도 살구향, 잭 후르츠향 등이 첨가되어 싱그러운 꽃과 상큼한 과일향이 아이스티로 최고!

### 스파이스 블렌드(Spice Blend)

티 센터 오브 스톨홀름에서 겨울, 특히 크리스마스에 가장 어울리는 차는 스파이스 블렌드인 것 같아요. 홍차엽에 알싸한 단 맛의 시나몬과 클로브, 시나몬 등 향신료가 첨가되어 차이나, 밀크티용으로 정말 맛있습니다.

### 써존 블렌드(Sir John Blend)

티센터 오브 스톡홀름의 고향, 스웨덴에서는 써존 블렌드를 훈제한 청어, 버터를 바른 빵과 같이 마신다고 해요. 훈제 청어와 훈연향의 써존 블렌드는 생각만 해도 군침이 도는 조합인 것 같아요. 훈연향을 내는 차 중에서 가장 진한 맛을 자랑하는 랍상 소우총은 포트넘 앤 메이슨이에요. 그러나 하드코어적인 훈연향보다는 하니 앤 손스의 랍상 소우총이나 티 센터 오브 스톡홀름의 써존 블렌드같은 가벼운 훈연향이 더 달게 다가오는 것 같아요. 특히나 써존 블렌드는 시트러스한 레몬필과 자스민, 장미꽃 등이 블렌딩되어, 보다 여성스러운 훈연향을 자랑하는 차.

## Diary 76

페닌슐라
Penninsula

### ① 관련사이트

www.peninsulaboutique.com/index.php

### ② 브랜드 스토리

세계 여러 나라에서 명성을 떨치고 있는 페닌슐라 그룹에서는 초콜릿, 커피뿐 아니라 홍차도 생산하고 있습니다. 특히나 홍

콩의 페닌슐라 호텔은 1928년 문을 연 이래 지금까지 랜드마크 역할을 톡톡히 하고 있습니다. 홍콩 페닌슐라의 'The Lobby'에서는 3단 트레이의 애프터눈

세트를 페닌슐라 티와 함께 경험할 수도 있으니 홍콩 가시는 분들은 꼭 들러보세요. (홍콩 리펄스 베이의 베란다에서도 페닌슐라 티를 접하실 수 있습니다.)

## 로네펠트's 추천

 페닌슐라 블렌드(The Peninsula Blend)

　캐러멜, 시나몬, 망고, 패션 프룻 등의 가향라인도 좋고, 보이차(Pu Er Chinese Tea)도 좋지만 페닌슐라는 클래식 티가 더 맛있는 것 같아요. 그중에 가장 유명한 차는 브랜드의 이름을 따서 만든 페닌슐라 블렌드가 아닐까요. 패키지에도 '페닌슐라만을 위한 블렌딩'이라는 문구가 적혀 있어서 그런지 더 특별하게 다가오는 차. 베이스는 실론과 다즐링이지만 고소한 몰트향의 아삼으로 다가와 밀크티로 추천!

 리치 차이니즈 티(Lychee Chinese tea)

　홍차 베이스에 달콤한 리치향이 첨가된 리치 차이니즈 티는 이국적인 향이 기분 좋게 다가와서 모닝차로도 좋은 차입니다.

# Diary 77

포숑
Fauchon

 관련사이트

www.fauchon.com

## 브랜드 스토리

노점상에서 장사를 하던 포숑은 1886년에 점포를 얻어 개업한 후, 1898년 차를 취급하는 그랜드 살롱 드 떼(Grand salon de the)를 개점하여 성공을 거두게 됩니다. 1960년대에 가향차인 애플티로 큰 인기를 얻는데 특히 일본에서 선풍적인 성공을 거두게 되었고 지금까지도 끊임없는 노력을 하여 세계적으로 두터운 팬층을 확보하고 있는 브랜드 중의 하나입니다.

# 로네펠트's 추천

 애플티(Apple Tea)

　애플 가향티 중에 가장 유명한 티는 포숑의 애플티랍니다. 그러나 명성답게 어찌나 까다로운지 조금만 오래 우리거나 차를 많이 넣어도 변화무쌍한 맛을 선보이기 때문에 적정량, 적정시간을 잘 지키셔야 합니다. 그러나 잘 우러났을 때는 농익은 사과의 맛을 느낄 수 있는 애플티 중의 왕! 포숑의 애플티는 패닝급의 아주 잘잘한 잎이기 때문에 우리는 시간은 1분~1분 30초가 적당합니다.

 포숑 블렌드(Fauchon Blend)

　자사의 이름을 넣어 만든 블렌드는 그 회사의 자존심이기 때문에 어느 정도 이상의 맛을 내기 마련입니다. 포숑 블렌드도 1970년대 처음 선을 보인 이후, 꾸준히 사랑을 받고 있는 차. 개봉과 동시에 은은한 시트러스한 꽃향이 '역시나 프랑스 브랜드구나'를 느끼게 해줍니다.

파리의 오후

(An Afternoon in Paris Tea/Un Apres-Midi A Paris)

빠리지엔의 오후는 어쩐지 낭만이라는 이름을 가득 머금은 시간일 것 같아요. 포숑의 파리의 오후차도 역시나 사랑을 가득 머금은 듯한 장미향과 향긋한 오렌지, 그리고 조금은 크리미하게 다가오는 바닐라의 블렌딩으로 로맨스가 묻어나는 오후의 차임에는 분명한 것 같아요.

 프랑스의 저녁

(An Evening in Paris Tea/Un Soir de France)

파리의 오후차가 로맨스가 묻어나는 사랑스런 차라면 프랑스의 저녁은 한층 더 붉게 노을진 하늘빛을 닮은 화려한 향을 자랑합니다. 살구향의 달콤함과 진한 오렌지의 조합이 파리의 이미지와 딱 떨어지는 아름다운 저녁차!

# Diary 78

## 포트넘 앤 메이슨
### Fortnum & Mason

## 관련사이트

www.fortnumandmason.com

## 브랜드 스토리

중절모를 쓴 멋쟁이 신사 같은 이미지인 포트넘 앤 메이슨은 그 이름만으로도 신뢰가 가는 브랜드입니다. 윌리엄 포트넘과 휴 메이슨이 1707년 공동으로 설립한 런던의 백화점이기도 한 포트넘 앤 메이슨에서 특히 홍차 매장은 홍차 마니아에게는 천국인 곳이에요. 포트넘의 손자인 찰스 대에 이르러, 영국 왕실에 납품하면서 그 명성을 더하게 되었다고 해요. 1964년에는 두 명의 창립자들을 기리기 위해 약 4톤의 거대한 시계를 매장에 전시했는데, 매 시간마다 1미터 20센티 정도의 포트넘과 메이슨의 인형이 18세기 풍의 배경 음악에 맞춰 인사를 하는 매력적인 곳. 영국에 가시면 꼭 방문해 보세요.

# 로네펠트's 추천

###  퀸 앤(Queen Anne)

1907년 창립 200주년을 기념하기 위해 만든 차가 바로 퀸 앤입니다. 여왕의 이미지답게 묵직하고 중후한 느낌을 상상하며 한 모금 넘깁니다. 중후하게 다가오는 아삼, 화려하고 강하게 다가오는 실론에서 정열적인 앤 여왕의 모습이 스치고 지나가는 매력적인 차입니다. 아삼과 실론의 최고의 조합으로 다가오는 퀸 앤은 200주년 기념티답게 포트넘 앤 메이슨의 지나온 발자취가 그대로 녹아있는 맛있는 차.

###  300주년 티(Tercentenary Tea)

1707년 시작한 포트넘 앤 메이슨은 2007년에 300주년을 맞이하는데, 200주년에 이어, 300주년 기념티도 또 선보였답니다. 포트넘은 초기에는 중국에서, 후에는 인도에서 차를 수입했다고 해요. 이런 의미로 중국의 운남와 인도의 아삼을 블렌딩한 차가 바로 300주년 차랍니다. 현재 단종 되었지만, 검정틴에 조지왕조풍의 시계 바늘만 그려져 있는 딱 포트넘스러운 캐디는 기념으로 하나쯤 소장할 가치가 있겠죠.

### 로열 블렌드(Royal Blend)

　영국 브랜드의 홍차들은 역시나 영국 황실과는 가까운 사이인 것 같아요. 포트넘 앤 메이슨의 로열 블렌드도 1902년 에드워드 7세를 위해 만들어진 차입니다. 퀸 앤과 마찬가지로 아삼과 실론의 조합인데 퀸 앤보다는 조금 더 단 내음이 묻어나는 차에요. 아삼이 들어가서 역시나 밀크티로도 맛있습니다.

 ### 블랙퍼스트(Breakfast)

　아침차 중에서 가장 좋아하는 차는 포트넘 앤 메이슨의 블렉퍼스트입니다. 골든 팁스가 간간히 보이는 인도산 아삼으로만 알차게 담겨 있어서 스트레이트로도, 밀크티로도 제격이에요. 바디감도 좋고, 고소한 몰트향이 일품이라 아침차 중에 가장 선호하는 차.

# Diary 79

## 하니 앤 손스
### Harney and Sons

## 관련사이트

www.harneynsons.co.kr (구매처)
www.harney.com(한국으로 직배송 가능)

## 브랜드 스토리

브랜드 명에서 알 수 있듯이 하니 앤 손스는 존 하니와 그의 두 아들이 운영하는 미국 코네티컷에 본사를 둔 회사입니다. 1983년 정식 창업 후 '품질 좋은 차를 합리적인 가격에 제공하자'라는 목표를 위해 끊임없는 노력하는 회사에요. 차의 품질과 브랜드인지도 역시 고공 행진 중이고, 로네펠트에 이어서 제가 두 번째로 좋아하는 브랜드이기도 합니다.

하니 앤 손스는 파스텔 톤의 홍차 틴뿐 아니라 간편하게 휴대 가능한 타가롱(Tagalong)도 선보이고 있습니다. 하니 앤 손스의 틴이나 타가롱을 수집하시는 분들도 많아요. 미국 본사에서 한국으로 직배송이 가능한 브랜드이기도 합니다. 특히나 백차인 웨딩(Wedding)은 이름에 걸맞게 당사자와 배우자의 이름, 결혼기념일을 웨딩 타가롱에 새겨주는 서비스도 실시하고 있기 때문에 결혼 답례품이나 결혼 선물로 좋을 것 같아요. 'Harney & Sons Guide to Tea'라는 책도 출간했는데, 차에 대한 대략적인 내용이 잘 정리되어 있어서 한번쯤 읽어보시면 좋을 것 같아요. 참고로, 미국 본사 사이트(www.harney.com)에서 주문시, 저자 Michel Harney의 사인이 들어있는 책을 받으실 수 있답니다.

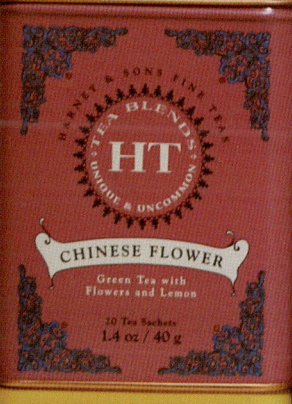

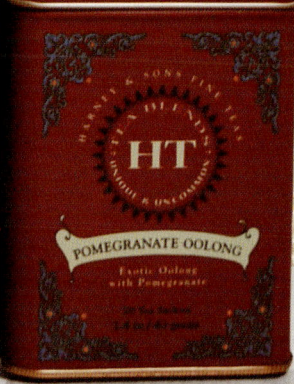

# 로네펠트's 추천

### 🍃 핫 시나몬 스파이스(Hot Cinnamon Spice)

한국에 수정과가 있다면 서양에는 핫 시나몬 스파이스가 있다! 시나몬이 블랜딩 된 차 중에 가장 좋아하는 차는 하니 앤 선스의 핫 시나몬 스파이스입니다. 감미료를 전혀 넣지 않아도 어쩜 이리도 달짝지근한지. 달콤한 알싸함과 상쾌한 청량함이 번갈아 가면서 몰려옵니다. 진한 시나몬 맛 사탕을 물에 녹인 듯한 맛이랄까요. 냉침이나 아이스티로 추천! 핫 시나몬 스파이스와 비슷한 맛을 가진 차는 마리아쥬 프레르의 뿔랭 룬(Pleine Lune)인 것 같아요. 하니 앤 선스의 핫 시나몬 스파이스가 온전한 시나몬의 알싸한 단맛을 잘 구현하고 있다면 뿔랭 룬은 아몬드의 고소함이 섞여 시나몬은 조금 약해진 느낌의 차입니다.

### 🍃 발렌타인 블렌즈(Valentine's Blend)

장미꽃잎이 블렌딩된 차들은 '사랑'과 관련되어 있는 것 같아요. 사랑의 기운이 풍성한 발렌타인 데이에 잘 어울릴 만큼 달콤한 초콜릿과 붉은 장미꽃잎을 블렌딩해서 로맨틱한 분위기를 잘 전달하는 차입니다. 밀크티로 추천해요! 사랑하는 분들에게 선물용으로 좋겠죠.

플로렌스(Florence)

현재 하니 앤 손스를 실질적으로 이끌고 있는 마이클 하니(Mike)씨는 전 세계의 훌륭한 건축물, 특히 탑에 큰 관심이 있다고 해요. 그래서 그는 세 개의 도시와 그 도시들의 탑을 기념하기 위해서 파리(Paris), 방콕(Bangkok), 플로렌스(Florence) 이렇게 세 종류의 차를 선보입니다. 이들의 틴에는 예쁜 탑이 그려져 있어요. 파리, 방콕, 플로렌스 중에서 플로렌스가 가장 맛있는 것 같아요. 발렌타인 블렌즈와 비슷하긴 하지만 헤이즐넛향이 더 강하게 나서 고소함이 묻어나는 차랍니다. 바디감이 있는 강한 차는 아니지만 디저트용 차로 그만이에요. 특히 밀크티로 최고!

 아프리칸 오톰(African Autumn)

'아프리카의 가을'이라는 이름에서 루이보스의 분위기가 물씬 풍기는 차에요. 그러나 시큼한 베리향이 맛에서도 잘 구현되고 있기 때문에 루이보스라는 것을 전혀 눈치 채지 못하실 거에요. 오래된 도서관의 책 냄새 같은 루이보스의 종이냄새가 저 깊숙이 가라앉고 시트러스한 베리향만 남아 있는 맛있는 루이보스랍니다. 냉침이나 아이스티로 추천!

 초콜릿 민트(Chocolate Mint)

루피시아의 초콜릿 민트는 민트향이 너무나 파워풀하고, 마리아쥬 프레르의 초콜릿 민트는 은은하고 여리 여리한 맛이에요. 그러나 하니 앤 손스의 초콜릿 민트는 초콜릿 민트 중 최고라는 명성에 걸맞게 초콜릿과 민트가 적당히 조화를 이루고 있습니다. 달콤하고 시원하게 달려오는 페퍼민트향이 수줍은 듯 천천히 걸어오는 초콜릿 맛과 잘 동화되고 있어요.

### 석류 가향 우롱(Pomegranate Oolong)

구수한 맛이 좋아서 우롱을 좋아하시는 분들도 많으신데, 하니 앤 손스에서도 다양한 우롱을 구비해 놓고 있습니다. 소량씩 4가지 종류를 맛 볼 수 있는 샘플러로 우선 다양한 우롱을 맛보시는 것을 추천합니다.(Fanciest Formosa Oolong, Ti Quan Yin, Wenshan Baozhong , Da Hong Pao)

하니 앤 손스의 다양한 우롱 중에서 가장 인기 있는 우롱은 석류가향 우롱인 것 같아요. Ti Quan Yin 우롱에 석류향을 입힌 석류 우롱은 석류의 톡 쏘는 맛이 우롱에 잘 녹아들어 있어서 우롱 특유의 향이 조금은 가라앉아 있지만 봄의 맛에 가까운 화려한 우롱인 것 같아요.

 ### 홀리데이 티(Holiday Tea)

웨지우드의 위켄드 모닝 티(Weekend Morning Tea)처럼 휴일에 느긋하게 마시라는 의미인지, 하니 앤 손스의 일명 '휴일차'인 홀리데이 티는 미국에서도 인기 만발인 차입니다. 클로브, 시나몬, 아몬드가 블렌딩되어 있어서 차이로도 좋지만 차이라기에는 조금 약해요. 추운 겨울날 한잔 마시면 온 몸이 따뜻해지는 기분 좋은 차로 스트레이트보다는 밀크티로 추천해요!

# Diary 80

**해로즈**
Harrods

## 관련사이트

www.harrods.com/harrodsstore

## 브랜드 스토리

파파라치를 피하려다 교통사고로 운명을 달리한 다이애나 황태자비. 해로즈 백화점은 1985년에 이집트인 모하메드 알 파예드에게 소유권이 넘어갔는데 그의 아들이 바로 다이애나와 같은 차에 타고 있었던 남자였다고 합니다. 이들을 기념하기 위해 백화점 내에 [In memory of Diana Princess of Wales and Dodi Al Fayed killed on the 31 August 1997]라는 기념비도 있습니다.

찰스 헨리 헤로드가 1834년 소규모 홍차와 식료품 도매업을 시작하면서 향수, 문구류, 과일 등으로 사업을 확장하며 큰 성공을 거둔 후에 해로즈라는 백화점으로 자리 잡았습니다. 해로즈에서 유명한 홍차들은 No 14(English Breakfast), No 16(Ceylon Afternoon), No 25(Darjeeling FTGFOP), No 30(Assam TGFOP), No 32(Assam), No 49(Blend) 등이 있는데, 이 중에서 아삼, 다즐링, 닐기리, 시킴, 캉그라의 5가지 블렌딩인 No 49가 가장 인기가 많아요. 해로즈의 클래식 티들의 인기는 현재도 고공행진 중이므로 믿고 우선 선택하셔도 좋답니다.

# 로네펠트's 추천

 No 14(아삼, 다즐링, 케냐, 실론)

마실 때마다 같은 느낌인 차가 있는 반면, 매번 컨디션에 따라 맛이 조금씩 다르게 다가오는 경우 있으신가요? 저에게 있어 해로즈 NO 14 는 다양한 얼굴을 가진 개성 강한 차랍니다. 어디에 숨어 있어도 금방 느낄 수 있는 구수한 아삼이 먼저 도화지에 바탕색을 칠해주면, 그 뒤를 여성스런 다즐링, 시원한 실론, 남성적인 케냐가 앞다투어 오밀조밀 색을 칠해줍니다. 어느 날은 다즐링이 어떤 날은 실론이, 또 다른 날은 케냐가 강한 색을 발산할 때도 있어 마실 때마다 새로운 차를 마시듯 기대에 부풀어 NO 14를 우리곤 하지요. 가히 블렉퍼스트 차 중의 으뜸입니다.

🍃 No 49

(아삼, 다즐링, 닐기리, 시킴, 캄그라)

세계 3대 폭포 중의 하나인 나이아가라 폭포를 직접 본다는 생각에 밤잠까지 설쳤답니다. 그러나 기대가 크면 실망도 크다는 말이 있죠. 기대가 너무 컸던지 생각만큼 웅장하지도, 거대하지도 않은 첫 인상에 실망을 했었죠. 그러나 그 첫인상은 폭포가 바닥으로 떨어지면 다시 250미터나 튕겨 올라온다는 강인함과 촛불 1억 5천개와 맞먹는 조명을 비추는 밤의 화려함에 의해 바뀌었지요.

해로즈 NO 49는 나이아가라 폭포와 비슷했답니다. 자자한 명성에 한껏 기대에 부풀어 한입 넘겼지만 무언가 화려하고 강한 맛을 상상했던 저는 실망을 했죠. 그러나 두 모금, 세 모금 마실 때마다 유명한 이유를 알 수 있었답니다. 다소 묵직한 아삼, 경쾌한 다즐링이 닐기리, 시킴, 캄그라와 자연스럽게 조화를 이루고 있는, 해로즈 중에서 정말 최고!

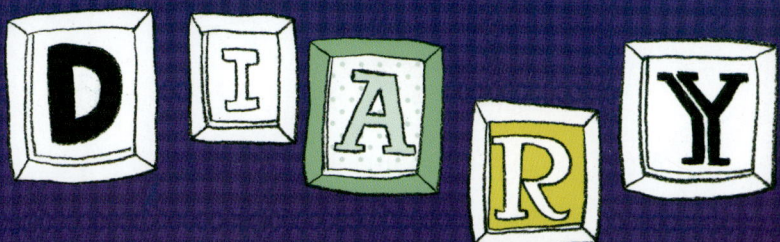

사람은 변해.
오늘은 파인애플을 좋아하지만,
내일은 딴 걸 좋아할 수도 있잖아.

-영화 중경삼림

맞아요. 사람이라면 변하기 마련이죠. 성격도, 사랑도, 입맛도 말이에요. 그러나 홍차에 깊이 빠진 후에 홍차에 대한 저의 애정만큼은 질기도록 변색되지 않고 있답니다.

이 책은 홍차 고수님들을 위한 책이 아니에요. 홍차 관련 포스팅을 블로그에 올리고 나서부터 많은 분들에게 홍차나 홍차 도구의 구입처, 맛있는 홍차 추천 등에 대한 문의 쪽지를 받곤 했는데, 이분들처럼 홍차에 대해 더 알고 싶고, 홍차와 친하게 지내고 싶은 분들을 위한 책입니다.

해 쨍쨍 비추는 날이면 로네펠트의 레몬 스카이 냉침을, 비오는 날은 랍상 소우총 핫티를, 한 여름 더위가 기승을 부리는 날은 셀레셜의 시나몬 애플 스파이스 냉침을, 한 겨울 눈 오는 날에는 요크셔 티로 밀크티를, 우울한 날엔 니나스의 쥬뗌므를, 기분 좋은 날은 트와이닝의 레이디 그레이를, 로맨틱한 기분이 드는 날엔 루피시아의 사쿠람보를!

그날그날의 기분, 날씨에 따라 마음에 드는 홍차를 골라 보세요. 고른 차로 냉침을 하고 핫티를 만들고, 밀크티를 만들면서 홍차의 향에 한 번 취하고, 맛에 두 번 취하며 웃음 짓는 여러분을 상상하며, 또 다른 시음기 노트를 채우기 위해 찻물 끓이러 이만 물러납니다.

From 로네펠트

항상 저에게 빛이 되시는 주님 감사합니다, 사랑하는 엄마, 아빠 감사합니다. 눈만 봐도 통하는 지선이, 독특한 그러나 진실한 나의 소울메이트 은실 언니, 귀여운 재호의 엄마 윤정 언니, 든든한 친구 지현이, 화통한 미화언니, 식성이 너무나 비슷한 엉뚱 청순 영순이, 민정이, 착한 친구 문기, 지혜로운 태은언니, 바다 건너 사는 친구들 Ying Ling, Chika, 똑소리 나는 인영이, 보고픈 다혜, 언제나 발랄한 카라다발(은지), 든든한 동생 진영이, 의지하고픈 설이언니, 짱구 닮은 상욱이, 특이한 그러나 순수한 재윤이, 두선이, 벌써 아기 아빠가 된 순두, 밴쿠버 새라, 유럽의 홍차를 다 쓸어다 주신 바다보다 넓은 마음씨를 가지신 아름다운 알군님과 곰군님, 박식하신 그러나 겸손하신 해피허브님, 그림 잘 그리시는 마담제니님, 멋진 맛집 블로거 제마님, 요리 잘 하시는 널러와님, 좋은 유치원 선생님이 되실 것 같은 불량감자님, 닉네임만큼 반짝 반짝 착한 마음씨의 반짝반짝님, 정성스런 덧글에 매일 감동 받게 하시는 이네님, 시아준수의 그녀 시아홀릭님, 똑똑한 대학생 하늬님, 홍콩이 맺어준 인연 쏭쏭쏭, 믿음의 동역자 신향언니, 나와 닮은꼴 미숙언니, 달달구리를 좋아하시는 사려깊고 여성스러우신 마고님, 터프한 유선씨, 4차원 홍준씨, 5차원 혜경씨, 호주에 계신 나나님, 항상 퍼주시는 고마운 아항님, 초콜릿의 여왕 플로린님, 예쁜 하양이의 어머니인 베이킹의 여왕 또끼또끼님, 뮤인이 맺어준 고마운 인연 쭘마리 언니, 어리시지만 열정적이신 트와이닝님, 사진 잘 찍으시는 티베트님, 아기자기한 아멜리에님, 일드 좋아하시는 몽이 언니 실드님, 세련된 외모의 소유자이실 것 같은 망또님, 감미로운 목소리와 외모의 WH, 홍콩 좋아하시는 유미님, 홍차의 지름신을 매일 접하시는 귀여운 yourpieces5님, 별명처럼 성격도 상큼 상큼하신 지름유발자 상큼님, 같이 홍콩 가고픈

쏜화리님, 중국에서 공부하시는 난나쟁이님, 밀크티의 매력에 빠지신 풀잎처럼님, 세련된 푸드 코디네이터 레몬샤워님, 털털함 속에 여성스러움이 묻어나는 동생 라비타뇽, 여행 중독자 콩사랑님, 홍콩에서의 추억이 한가득 있으신 아정님, 귀여운 글씨체의 미르냥님, 예쁜 그림 그리는 선경언니, 까미님, 클레어님, 에소르님, 레아님, 손재주를 닮고픈 까망이님, 얼짱 봄비님, 좋은 의사선생님이 될 것 같은 형주, 손재주 좋으신 나나님, 언제나 기분 좋은 햇살좋은바람님, 털털한 성격의 소유자일 것 같은 아니모님, 세련된 홍차홀릭 torokimni님, 부러운 삶을 살고 계신 로페즈림님, 난모다님, 귀염둥이쨍이냥님, 랄랄라님, 홍차 마니아 솔로스트님, 항상 열심히 사시는 말리꽃 향기음님, 뚱짱이님, 크리스탈님, 더치베이비님, 아이비님, 티앙팡님, 위드스콘님, 파란콩님, 블랙커피님, 마시멜롱님, 쫑긋귀님, 보라돌이님, 시연서현맘님, 꼼꼬마님, 홍차 커피홀릭 재키님, 세련된 지식을 정갈하게 표현하시는 아리스님, 그린필드의 미스터뚱 사장님, 열심히 공부하시는 먼지잼님, 향기국화님, 먼지님, 착한마녀님, 이지안님, 마지막으로 네이버 홍차 카페 '오렌지 페코' 회원 여러분들과 항상 제 블로그를 찾아주시는 모든 분들 정말 감사드립니다.

모두모두 고개 꾸벅, 숙여
감사, 또 감사 드려요!

- 박정아 / 로네펠트

# Café atre

카페 아뜨레

## A PIECE OF CAKE
## FREE FOR 2DRINKS
음료 두 잔 주문시 케이크 1조각 무료 제공

영업시간: 11:00~ 23:30 (월~일)
주소: 마포구 서교동 342-12  문의: (02) 322-1940

---

# Café atre

카페 아뜨레

## A PIECE OF CAKE
## FREE FOR 2DRINKS
음료 두 잔 주문시 케이크 1조각 무료 제공

영업시간: 11:00~ 23:30 (월~일)
주소: 마포구 서교동 342-12  문의: (02) 322-1940

---

# Tea Salon

59F Walking On The Cloud

## TEA SALON DRINKS
## 10% DISCOUNT
티살롱 음료 10% 할인

영업시간: 11:30~17:00(월~일)
주소: 여의도 63빌딩 Walking on the Cloud
문의: (02) 789-5984

---

홍차의 향기를 만끽할 수 있는 쿠폰 제공!

café atre

홍대입구역

마포평생학습관
아뜨레

홍대정문

-지하철 2호선 홍대입구역 5번출구
-KFC와 파스쿠찌 골목으로 직진
-푸르지오 상가가 보이는 위치에서
PANAMIE 베이커리와 마포 평생학습관
사이의 언덕길로 도보 1분

테이블 당 1매 사용 가능
유효기한 : 2010.01.15 ~ 2010.12.31

홍차
다이어리 혜지연
Black Tea Diary

café atre

홍대입구역

마포평생학습관
아뜨레

홍대정문

-지하철 2호선 홍대입구역 5번출구
-KFC와 파스쿠찌 골목으로 직진
-푸르지오 상가가 보이는 위치에서
PANAMIE 베이커리와 마포 평생학습관
사이의 언덕길로 도보 1분

테이블 당 1매 사용 가능
유효기한 : 2010.01.15 ~ 2010.12.31

홍차
다이어리 혜지연
Black Tea Diary

Tea Salon

59F Walking On The Cloud

테이블 당 1매 사용 가능
유효기한 : 2010.01.15 ~ 2010.12.31

홍차
다이어리 혜지연
Black Tea Diary

홍차의 향기를 만끽할 수 있는 쿠폰 제공!

홍차의 향기를 만끽할 수 있는 쿠폰 제공!

# Tea Salon

59F Walking On The Cloud

테이블 당 1매 사용 가능
유효기한 : 2010.01.15 ~ 2010.12.31

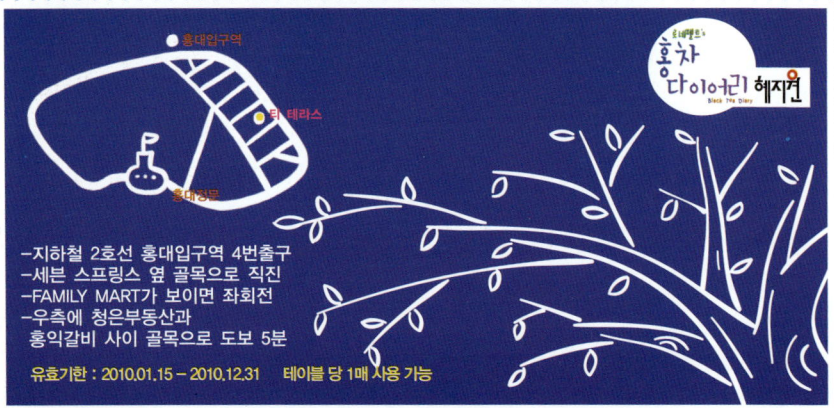

홍대입구역
타 테라스
홍대정문

−지하철 2호선 홍대입구역 4번출구
−세븐 스프링스 옆 골목으로 직진
−FAMILY MART가 보이면 좌회전
−우측에 청은부동산과
　홍익갈비 사이 골목으로 도보 5분

유효기한 : 2010.01.15 ~ 2010.12.31　　테이블 당 1매 사용 가능

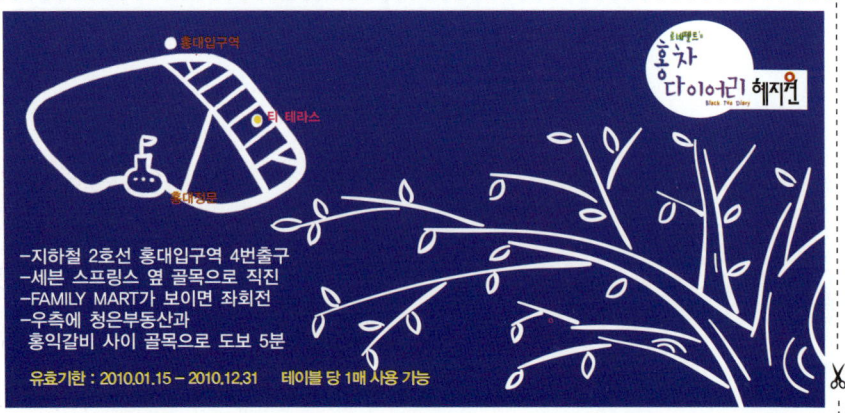

홍대입구역
타 테라스
홍대정문

−지하철 2호선 홍대입구역 4번출구
−세븐 스프링스 옆 골목으로 직진
−FAMILY MART가 보이면 좌회전
−우측에 청은부동산과
　홍익갈비 사이 골목으로 도보 5분

유효기한 : 2010.01.15 ~ 2010.12.31　　테이블 당 1매 사용 가능

홍차의 향기를 만끽할 수 있는 쿠폰 제공!

Ronnefeldt's
Black Tea Diary

로네펠트's
홍차다이어리

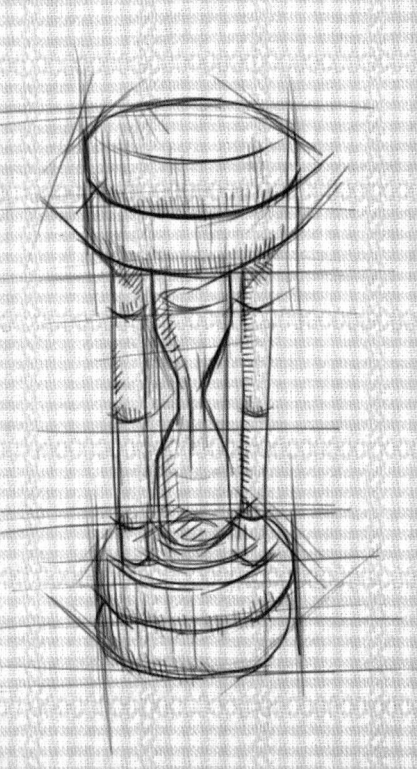